Ficção e confissão

Antonio Candido

Ficção e confissão

Ensaios sobre Graciliano Ramos

todavia

A João Bethencourt e Stelio Roxo

Prefácio **9**

Ficção e confissão **15**
Os bichos do subterrâneo **81**
No aparecimento de *Caetés* **103**
Cinquenta anos de *Vidas secas* **115**

Nota bibliográfica **123**

Prefácio

Este livro reúne os quatro ensaios que escrevi sobre Graciliano Ramos. Eles formam um conjunto (não isento de repetições) que, apesar da mudança de certos juízos, mostra a constância de um ponto de vista que se formou cedo.

Quando Graciliano publicou *Infância* (1945) eu era crítico titular, como se dizia, do *Diário de São Paulo*. Naquela altura ele já me parecia destacar-se de maneira singular entre os chamados "romancistas do Nordeste", que nos anos de 1930 tinham conquistado a opinião literária do país. Por isso, resolvi aproveitar a oportunidade a fim de marcar a minha opinião por meio de um balanço da sua obra. Escrevi então cinco artigos, um para cada livro, terminando pelo que estava aparecendo. Graciliano agradeceu com a seguinte carta, amável e desencantada:

Rio de Janeiro, 12 de novembro de 1945

Antonio Candido:

Só agora, lido o último artigo da série que V. me dedicou, posso mandar-lhe estas linhas e conversar um pouco. Muito obrigado. Mas não lhe escrevo apenas por causa dos agradecimentos: o meu desejo é trazer-lhe uma informação ajustável ao que V. assevera num dos seus rodapés.

Arriscar-me-ia a fazer restrições ao primeiro e ao segundo, se isto não fosse considerado falsa modéstia. E impertinência: com as vivas atenções dispensadas ao meu romance de estreia, foram apontados vários defeitos, o que de certo modo atenua a parcialidade otimista.

Onde as nossas opiniões coincidem é no julgamento de Angústia. Sempre achei absurdos os elogios concedidos a este livro, e alguns, verdadeiros disparates, me exasperaram, pois nunca tive semelhança com Dostoiévski nem com outros gigantes. O que sou é uma espécie de Fabiano, e seria Fabiano completo se a seca houvesse destruído a minha gente, como V. muito bem reconhece.

Por que é que Angústia saiu ruim? Diversas pessoas procuraram razões, que não me satisfizeram. Olívio Montenegro usou frases ingênuas e pedantes, misturando ética e estética. João Gaspar Simões afirmou que o americano é incapaz de introspecção — e com esta premissa arrasou-me. Veja só. Nada há mais falso que um silogismo. Álvaro Lins veio com aquele negócio de tempo metafísico. Mas isso diz pouco, não é verdade? Se eu constituísse uma exceção à regra de João Gaspar Simões e contentasse Olívio Montenegro e Álvaro Lins, Angústia não deixaria de ser um mau livro, apesar de haver nele páginas legíveis.

Por que é mau? Devemos afastar a ideia de o terem prejudicado as reminiscências pessoais, que não prejudicaram Infância, como V. afirma. Pego-me a esta razão, velha e clara: Angústia é um livro mal escrito. Foi isto que o desgraçou. Ao reeditá-lo, fiz uma leitura atenta e percebi os defeitos horríveis: muita repetição desnecessária, um divagar maluco em torno de coisinhas bestas, desequilíbrio, excessiva gordura enfim, as partes corruptíveis tão bem examinadas no seu terceiro artigo. É preciso dizermos isto e até exagerarmos as falhas: de outro modo o nosso trabalho seria inútil.

E aqui vem a informação a que me referi. Forjei o livro em tempo de perturbações, mudanças, encrencas de todo o gênero, abandonando-o com ódio, retomando-o sem entusiasmo. Matei Julião Tavares em vinte e sete dias; o último capítulo, um delírio enorme, foi arranjado numa noite. Naturalmente seria indispensável recompor tudo, suprimir excrescências, cortar pelo menos a *quarta parte da narrativa. A cadeia impediu-me essa operação. A 3 de março de 1936 dei o manuscrito à datilógrafa e no mesmo dia fui preso. Nos longos meses de viagens obrigatórias supus que a polícia me houvesse abafado esse material perigoso. Isto não aconteceu — e o romance foi publicado em agosto. Achava-me então na sala da capela. Não se conferiu a cópia com o original. Imagine. E a revisão preencheu as lacunas metendo horrores na história. Só muito mais tarde os vi. Um assunto bom sacrificado, foi o que me pareceu.*

Esta explicação tem apenas o fim de exibir-lhe o prazer que me causou o seu juízo. Quando um modernista retardatário e pouco exigente me vem seringar amabilidades a Angústia, *digo sempre: — "Nada impede que seja um livro pessimamente escrito. Seria preciso fazê-lo de novo."*

Permita-me que apenas toque nos seus estudos relativos a São Bernardo, Vidas secas *e* Infância. *Ser-me-ia difícil estender-me sobre eles. O que faço é agradecer. Por muito vaidoso que sejamos, às vezes certas opiniões nos amarram: diante delas ficamos atrapalhados e sem jeito.*

Adeus, Antonio Candido. Abraços do admirador e amigo
Graciliano Ramos

Este foi o nosso único contato epistolar. Houve outro, pessoal, no começo de 1947, num jantar em casa de Lúcia Miguel Pereira e Octávio Tarquínio de Sousa, promovido para nos apresentar um ao outro. Naquele ano o editor José Olympio publicou as suas obras ficcionais com introdução de Floriano Gonçalves, autor do romance *Lixo*. Graciliano me mandou os cinco volumes com dedicatórias, duas convencionais e três bastante pitorescas. Em *Caetés*:

Antonio Candido: A culpa não é apenas minha: é também sua. Se não existisse aquele seu rodapé, talvez não se reeditasse isto.

Em *Angústia*:

> Antonio Candido: Além das partes rudes, já corrompidas, vão aqui alguns erros e pastéis, que as tipografias estão uma lástima.

Em *Insônia*:

> A Antonio Candido, esta coleção de encrencas, algumas bem chinfrins.

Tempos depois da sua morte, Antônio Olavo Pereira, que dirigia a sucursal paulista da Editora José Olympio, me convocou para dizer que Graciliano tinha manifestado o desejo de que fosse escrita por mim a introdução à próxima edição de sua obra. Foi assim que refundi os cinco artigos, escrevi a análise de *Memórias do cárcere* e uma conclusão, compondo o ensaio "Ficção e confissão", que de 1955 a 1969 foi, situada no primeiro volume, *Caetés*, a introdução desejada pelo grande escritor. A princípio, na edição José Olympio, do Rio; depois, na edição Martins, de São Paulo. Em 1969, Martins a deslocou para *São Bernardo* e, em 1974, resolveu aposentá-la. Deste modo saiu de circulação o meu ensaio, do qual José Olympio fizera em 1956 uma tiragem à parte em pequeno volume, cujos mil exemplares se esgotaram depressa. Agora, no centenário de Graciliano, a Editora 34 teve a ideia de reeditá-lo com outros para formar este livro, cujo ar comemorativo implícito me agrada, pois serve para manifestar mais uma vez o meu constante apreço por um dos maiores escritores da nossa literatura, um dos raros cuja alta qualidade parece crescer à medida que o relemos. E como costumava dizer Alfredo Mesquita, a releitura é quase sempre fatal para a maioria absoluta da narrativa ficcional brasileira.

"Ficção e confissão" envelheceu visivelmente, o que me fez hesitar em desenterrá-lo. O seu núcleo data de 46 anos e, de lá para cá, a crítica mudou muito e apareceram estudos mais de acordo com o gosto do dia. Mas como se trata de contribuir para comemorar um centenário ilustre, talvez seja justificada essa volta ao passado, cujo peso aparece em "Ficção e confissão" sobretudo nas longas citações sem análise correspondente e no realce dado ao ângulo psicológico (de psicologia literária, é claro), ponto de apoio para captar a visão do homem na obra de Graciliano, que era o meu alvo. Mas ainda me parece justo o pressuposto básico, isto é, que ele passou da ficção para a autobiografia como desdobramento coerente e necessário da sua obra. O que não parece mais defensável é que as duas fases tenham o mesmo nível literário, como o ensaio deixa implícito. Se *Infância* o mantém, o mesmo não acontece com o livro puramente autobiográfico, *Memórias do cárcere*, apesar da sua força e do valor como documento humano.

Esta mudança de atitude se esboça (apenas se esboça) no ensaio seguinte, "Os bichos do subterrâneo", escrito para o volume *Graciliano Ramos* da coleção Nossos Clássicos, da Editora Agir, que preparei em 1959 a pedido de Alceu Amoroso Lima e apareceu em 1961, sendo incluído mais tarde no meu livro *Tese e antítese*. Este ensaio repete alguma coisa do primeiro, mas tenciona sobretudo rever a posição que eu assumira nele em face de *Angústia*, posição que logo vi ser pelo menos insuficiente. Por isso, "Os bichos do subterrâneo" deve ser considerado complemento de "Ficção e confissão".

Os dois escritos finais, breves e menos ambiciosos, são francamente circunstanciais. "No aparecimento de *Caetés*" é o essencial do texto de uma palestra feita em Maceió, no simpósio consagrado ao cinquentenário da publicação, cuja matéria foi recolhida numa coletânea editada pela Secretaria de Cultura de Alagoas, *50 anos do romance Caetés*, 1984. Nele procurei fixar as primeiras impressões de críticos do tempo, o que fiz também cinco anos depois a propósito de *Vidas secas*, em artigo solicitado por Nilo Scalzo, que então dirigia o suplemento Cultura, do *Estado de S. Paulo*.

Antonio Candido de Mello e Souza
junho de 1992

Ficção e confissão

Para ler Graciliano Ramos, talvez convenha ao leitor aparelhar-se do espírito de jornada, dispondo-se a uma experiência que se desdobra em etapas e, principiada na narração de costumes, termina pela confissão das mais vívidas emoções pessoais. Com isto, percorre o sertão, a mata, a fazenda, a vila, a cidade, a casa, a prisão, vendo fazendeiros e vaqueiros, empregados e funcionários, políticos e vagabundos, pelos quais passa o romancista, progredindo no sentido de integrar o que observa ao seu modo peculiar de julgar e de sentir. De tal forma que, embora pouco afeito ao pitoresco e ao descritivo — e antes de mais nada preocupado em ser, por intermédio da sua obra, como artista e como homem —, termina por nos conduzir discretamente a esferas bastante várias de humanidade, sem se afastar demasiado de certos temas e modos de escrever.

Se quisermos sentir esta unidade na diversidade, para reviver a experiência humana que ela comporta, é aconselhável acompanhar a evolução da sua obra ao longo dos diversos livros, na ordem em que foram compostos, tentando captar nesse roteiro os motivos que a fazem tão importante como experiência literária, pois, na verdade, é das que não passam sobre nós sem deixar o sulco geralmente aberto no espírito pelas grandes criações.

I.

Na sua obra *Caetés*, dá a impressão, quanto ao estilo e análise, de deliberado preâmbulo; um exercício de técnica literária mediante o qual pôde aparelhar-se para os grandes livros posteriores.

Publicado em pleno *surto nordestino* (1933), contrasta com os livros talentosos e apressados de então pelo cuidado da escrita e o equilíbrio do plano. Dá ideia de temporão, de livro espiritualmente vinculado ao galho já cediço do pós-naturalismo, cujo medíocre fastígio foi depois de Machado de Assis e antes de 1930. Nele, vemos aplicadas as melhores receitas da ficção realista tradicional, quer na estrutura literária, quer na concepção da vida.

Meticuloso numas coisas, esquemático noutras; apurado no estilo, sumário na psicologia — manifesta certa frieza de quem não empenhou realmente as forças. A despeito da naturalidade habilmente composta, não evitamos o sentimento de presenciar uma laboriosa ginástica intelectual em que o autor se exercita na descrição, narração, diálogo, notação de atos e costumes; daí a sua importância como subsídio para compreender a evolução da obra de Graciliano Ramos a partir dessas receitas artesanais.

Como certos poetas que praticaram minuciosamente as formas fixas, antes de cultivarem o verso livre com tal maestria que ele parece ter sido sempre a sua via única e preferencial, o romancista profundo e doloroso de *São Bernardo* e *Angústia* ainda é aqui praticante, aliás magistral, de fórmulas convencionais da técnica do romance.

A atmosfera geral do livro se liga também à lição pós-naturalista, voltada para o registro dos aspectos mais banais e intencionalmente anti-heroicos do cotidiano e com certo pudor de engatilhar os dramas convulsos de que tanto gostavam os fogosos naturalistas da primeira geração. Imaginando torcer o pescoço ao que lhes parecia postiço e convencional, os sucessores adotaram a convenção de que a arte deve reproduzir o que há na vida de mais corriqueiro; e chegaram assim a um postiço avesso do que pretendiam liquidar, pressupondo na vida um máximo de pasmaceira que ela não contém e, nos personagens, uma estagnação espiritual incompatível com a dinâmica inerente à mais rasteira das existências.

Caetés é rebento dessa concepção de romance, minuciosa e algo estática. A intenção do autor parece ter sido horizontalizar ao máximo a vida dos personagens, as relações que mantêm uns com os outros. Exceto o narrador, João Valério, os demais são delineados por meio de aspectos exteriores, através dos quais vão se revelando progressivamente. O autor procura não apenas conhecê-los através do comportamento, como se mostra amador pitoresco da morfologia corporal, definindo o seu modo de ser em ligação estreita com as características somáticas: fisionomia, tiques, mãos, papada de um, olho esbugalhado de outro, barbicha de um terceiro. É por meio desta soma de pequenos sinais externos que os apresenta, completando-a aos poucos no decorrer do livro, não sem alguma confusão, que requer esforço do leitor para identificar os nomes mencionados. E assim vemos de que modo a minúcia descritiva do Naturalismo colide neste livro com uma qualidade que se tornará clara nas obras posteriores: a discrição e a tendência à elipse psicológica, cujo correlativo formal são a contenção e a síntese do estilo.

A única dificuldade na leitura de *Caetés* é essa caracterização meio imprecisa dos personagens secundários, proveniente da relativa frouxidão psicológica. Mas, uma vez transposta, nós nos integramos de bom grado no mundo desses tabeliães e farmacêuticos intrigantes, politiqueiros e jornalistas de cidadezinha, padres, médicos, vencidos da vida, velhas bisbilhoteiras, moças dissimuladas. E como é pitoresco e bem escrito, numa língua simples, magra e expressiva, não tardamos em gostar da singeleza deste livro, da sua absoluta ausência de dós de peito. Escrito na maturidade, não há nele imperícias nem arroubos de principiante, pois, superadas as ilusões de prosa artística — frequentes nessa quadra —, o autor já demonstra a incapacidade de ênfase e a vergonha de ser empolado, que são fatores decisivos da sua maneira literária.

Com a pena irresoluta, muito tempo contemplei destroços flutuantes. Eu tinha confiado naquele naufrágio, idealizara um grande naufrágio cheio de adjetivos enérgicos, e por fim me aparecia um pequenino naufrágio inexpressivo, um naufrágio reles. E curto: dezoito linhas de letra espichada, com emendas.

A vocação para a brevidade e o essencial aparece aqui na busca do efeito máximo por meio dos recursos mínimos, que terá em *São Bernardo* a expressão mais alta. E se *Caetés* ainda não tem a sua prosa áspera, já possui sem dúvida a parcimônia de vocábulos, a brevidade dos períodos, devidos à busca do necessário, ao desencanto seco e ao humor algo cortante, que se reúnem para definir o perfil literário do autor. Como consequência, a condensação, a capacidade de dizer muito em pouco espaço.

Domingo fui à casa do Teixeira. Quando Zacarias abriu o portão, havia rumor lá em cima. Atravessei o jardim, subi a escada, cheguei à sala, aturdido.

— Ora, sim senhor, disse-me Adrião. Veio arrastado, mas veio.

Luísa acolheu-me como se me tivesse visto na véspera. Cumprimentei, com as orelhas em brasa, Vitorino, padre Atanásio, Miranda Nazaré. Vi Clementina escondida entre o piano e a parede. Balbuciando, pedi informações sobre a saúde dela.

Não ia bem.

Sim? Pois não parecia. Tanta vivacidade, tão boas cores...

Ela atirou-me um olhar de agradecimento e encolheu-se. Eu ia encolher-me também, por detrás das cortinas, mas Adrião se levantou, convidou:

— Vamos para a mesa.

Mesmo um trecho como este, secundário e modesto, mostra aquelas qualidades que lhe permitem movimentar cenas e personagens por meio da notação precisa, não raro alusiva, e da redução ao elemento essencial. É o que se vê em algumas cenas excelentes, como o jantar de aniversário, onde os caracteres vão se manifestando pela rotação da conversa, que os traz, sucessiva ou alternadamente, ao primeiro plano, formando um conjunto animado de que nos parece discernir como modelo alguns jantares magistrais de Eça de Queirós: o que abre o segundo volume d'*Os Maias*, por exemplo, ou o que, n'*A ilustre casa*, sela a reconciliação de Gonçalo e Cavaleiro.

Em Graciliano, porém, há algo mais. Nessas cenas talvez inspiradas tecnicamente pelo romancista português (que parece ter sido leitura constante da sua mocidade e, com efeito, impregna em *Caetés* até certos pormenores de frase), nunca permaneceu, como ele, de tal forma embevecido pelo movimento de conjunto, que chegasse a perder de vista os problemas específicos do personagem. Nas famosas corridas ou no sarau beneficente d'*Os Maias*, o escritor se absorve no deleite da cena coletiva, e os problemas individuais se esbatem para segundo plano. Em Graciliano, já neste livro de estreia (não por acaso escrito na primeira pessoa), cenas e personagens formam uma constelação estreitamente dependente do narrador; a vida externa, os fatos, os outros se definem em função do seu "pensamento dominante" — o amor por Luísa.

Por isso, em cenas admiráveis (como o referido jantar, o jogo de pôquer, o jogo de xadrez), soldam-se a descrição dos incidentes e a caracterização dos personagens, formando unidades coesas, na medida em que são atravessadas pelo solilóquio, isto é, pela obsessão do narrador. À técnica, praticada segundo molde queirosiano, junta-se algo próprio a Graciliano: a preocupação ininterrupta com o caso individual, com o ângulo do indivíduo singular, que é — e será — o seu modo de encarar a realidade. No âmago do acontecimento está sempre o coração do personagem central, dominante, impondo na visão das coisas a sua posição específica. O estudo de qualquer das cenas mencionadas revela claramente a estreita correlação entre técnica e atitude em face da vida, mostrando que o interesse pelos fatos decorre dum interesse prévio pela situação do homem frente a eles.

Evaristo Barroca soltou o baralho:

— Fala o senhor.

— Mesa.

Eu pensei nas amarguras que me iam aparecer no dia seguinte. O que eu devia fazer era esperar o Neves à saída da sessão de espiritismo e dar-lhe uma sova. Era o que eu devia fazer, mas sou um indivíduo fraco, desgraçadamente.

— Para iniciar aposto apenas uma, disse Evaristo com aquela voz sossegada, aquele olhar tranquilo que nunca mostra o que ele tem por dentro.

— Vejo, doutor.

E atirei a ficha.

— Que tem o senhor? perguntou ele.

Mostrei uma trinca de damas.

— Ganha.

E franziu os beiços delgados.

— Homem, essa agora! exclamou Valentim Mendonça. O doutor estava feito. Como foi que o senhor conheceu que aquilo era *bluff*? O doutor não pediu.

Abandonei um par de ases:

— Preciso falar com o senhor hoje ou amanhã, seu Mendonça. Com o senhor e com seu pai. Ele está aí?

Mendonça filho levantou o queixo quadrado e propôs que fôssemos procurar Mendonça pai. Se era assunto de interesse, devíamos ir logo.

— Como! bradou o Pinheiro. Negócio a esta hora? É uma indignidade. Outro *bluff*, doutor? Muito bem. O *bluff* é uma grande instituição. Dê cartas, Mendonça, que diabo! Você está namorando com o Valério?

Arriscou uma abertura com trinca branca e atacou o Miranda, que tinha sequência:

— É possível? Você pede duas e faz sequência? E máxima? Abra os dedos, criatura, isso assim na mão ninguém vê. Confiança, naturalmente, todos nós somos de confiança, mas jogo é na mesa, e tenho visto muita sequência errada.

Joguei duas horas, distraído.

O que eu queria era saber por que razão não me vinha o ânimo de esbofetear o Neves uma tarde, à porta da farmácia. No bilhar do Silvério levantei o taco para rachar a cabeça do dr. Castro. E arreceava-me de molestar o Neves. Por que será que aquele velhaco me faz medo?

— Joga?

— Jogo, respondi separando três reis.

Evaristo reabriu.

— Outra reabertura, doutor? Santa Maria! O senhor leva o dinheiro todo, reclamou Valentim Mendonça.

Tirei um rei. Evaristo e Mendonça não quiseram cartas. Já que me faltava coragem, não seria mau dar cinquenta mil-réis a Manuel Tavares e mandar que ele desancasse o boticário, no Chucuru, que é quase deserto.

— Fala você, João Valério, resmungou o tabelião. Assim não se acaba com isto.

Neste zigue-zague minucioso e admiravelmente construído, o pormenor banal, tão caro às tendências naturalistas, é alinhavado e tornado significativo pela presença constante dos problemas pessoais de João Valério. Sem haver introspecção, a vida interior se configura graças à *situação* do personagem, num contexto de fatos e acontecimentos. Forma-se um estado reversível, levando a uma perspectiva dupla em que o personagem é revelado pelos fatos e estes se ordenam mediante a iluminação projetada pelos problemas do personagem. Esta ideia de *situação* parece uma das chaves para compreender a obra de Graciliano Ramos, e em *Caetés* já a encontramos funcionando, servida pela técnica pós-naturalista, inclusive o uso predominante do diálogo — via preferencial que, nele, compensa a parcimônia do elemento narrativo e facilita a síntese.

No plano da representação estritamente individual, encontramos a técnica do devaneio que, em romance na primeira pessoa, serve não apenas de recurso narrativo, mas também de equilíbrio interior do personagem, permitindo elaborar situações fictícias que compensam as frustrações da realidade.

Talvez eu pudesse também, com exígua ciência e aturado esforço, chegar um dia a alinhavar os meus caetés. Não que esperasse embasbacar os povos do futuro. Oh! não! As minhas ambições são modestas. Contentava-me um triunfo caseiro e transitório, que impressionasse Luísa, Marta Varejão, os Mendonça, Evaristo Barroca. Desejava que nas barbearias, no cinema, na farmácia Neves, no café Bacurau, dissessem: "Então, já leram o romance do Valério?" Ou que, na redação da *Semana*, em discussões entre Isidoro e padre Atanásio, a minha autoridade fosse invocada: "Isto de selvagens e histórias velhas é com o Valério."

Dessas raízes modestas, o devaneio chegará em *Angústia* ao crispado monólogo interior, onde à evocação do passado vem juntar-se uma força de introjeção que atira o acontecimento no moinho da dúvida, da deformação mental, subvertendo o mundo exterior pela criação de um mundo paroxístico e tenebroso que, de dentro, rói o espírito e as coisas.

É preciso ainda notar que, na obra de Graciliano, *Caetés* é o momento da ironia. Não no sentido anatoliano e macio, mas já travada de certo humor ácido que, em relação aos outros, se aproxima do sarcasmo e, em relação a si mesmo, da impiedade. Reponta igualmente o senso de gratuidade e inocuidade das coisas, que percorrerá a sua obra de modo cada vez mais acentuado, culminando nas *Memórias do cárcere* pela situação kafkiana da prisão sem motivo nem esclarecimento. Aqui, porém, tudo é ainda relativamente brando, embora a poesia se insinue pouco nessas páginas, não secas, mas marcadas pela ironia e pelo desencanto que freiam possíveis expansões líricas. Vez por outra surgem, todavia, cenas livres de sarcasmo ou reserva, como a entrevista decisiva de Luísa com o narrador.

É, portanto, uma atitude menos vital que intelectual, comparada à maioria dos romances daquele tempo, feitos, quase sempre, mais com o temperamento e as impressões do que com a reflexão e a análise. Assim, João Valério nunca chega a tratar os amores com arrebatamento ou verdadeira ilusão, apesar de obcecado por eles. Romantiza-os a princípio de maneira menos reticente, na fase dos desejos insatisfeitos. Ao se realizarem, observa sem tardança:

Não lhe caí aos pés, com uma devoção mais ou menos fingida. A felicidade perfeita a que aspirei, sem poder concebê-la, rapidamente se desfez no meu espírito. Livre dos atributos que lhe emprestei, Luísa me apareceu tal qual era, uma criatura sensível que, tendo necessidade de amar alguém, me preferira ao dr. Liberato, ao Pinheiro, aos indivíduos moços que frequentam a casa dela.

Considerando que estas reflexões sucedem à primeira posse, esperada por mais de um ano, e partem dum rapaz de vinte e cinco, poder-se-ia falar em cinismo. Prefiro ver, nelas e outras (inclusive o modo por que são tratados os demais personagens), a imparcialidade construída de certos pessimistas ante a natureza humana; um realismo desencantado que sucedeu, em vários escritores, ao pessimismo vigoroso e algo romântico dos primeiros naturalistas.

Nessa linha de discrição e ironia, existe no livro — dando-lhe singular atrativo — um romance, ou melhor, uma tentativa de romance dentro do romance. João Valério anda às voltas com o episódio histórico do bispo d. Pero Sardinha, devorado pelos índios caetés; mas o que busca, na verdade, é refúgio para onde correr, sempre que for necessário um contrapeso às decepções da vida. Mas à medida que se aproxima a posse de Luísa, deixa de lado os canibais; e quando os aborda, mistura neles a gente que serve de matéria à sua narrativa.

> Continuei. Suando escrevi dez tiras salpicadas de maracás, igaçabas, penas de arara, cestos, redes de caroá, jiraus, cabaças, arcos e tacapes. Dei pedaços de Adrião Teixeira ao pajé: o beiço caído, a perna claudicante, os olhos embaçados; para completá-lo, emprestei-lhe as orelhas de padre Atanásio.

De tal modo que a novela sobre os índios vai se tornando um romance dentro da vida, apesar do tema remoto; vai servindo de termômetro para as variações do sentimento de João Valério, a sua maior ou menor adaptação à realidade da cidadezinha. Serve, principalmente, para Graciliano caracterizar a natureza do personagem central, instalando a atividade analítica no cerne dos seus atos, obrigando-o a dobrar-se sobre a realidade interior, com certo instinto de vivissecção moral que completa a influência de Eça e Anatole France[1] por um toque machadiano, num experimentalismo psicológico não isento de crueldade.

Finalmente, é possível sugerir que os caetés simbolizam a presença de um *eu* primário, adormecido nas profundas do espírito pelo jogo socializado da vida de superfície — e que emerge periodicamente, rompendo as normas. Esse impulso irrefletido, essa irritação com as regras sociais, mal pressagiam, aqui, o vulto que haverão de assumir nos livros posteriores. Mas o autor os deixa bem patentes, quando anota a fragilidade dos usos e convenções, ou quando termina o livro pela visão de que o primitivismo dos índios subsiste — nele, nos conhecidos, na cidade localizada perto duma antiga taba.

Que sou eu senão um selvagem, ligeiramente polido, com uma tênue camada de verniz por fora?

Deste modo, os índios que perpassam manifestam-se como subsolo emocional, que nele apenas aflora, mas estaria chamado a desempenhar papel dominante na obra posterior. E quanto à fragilidade da vida convencional, há aqui um trecho realmente premonitório que parece conter, em embrião, algumas das experiências fundamentais de *Memórias do cárcere*. O marido enganado dá um tiro no peito. A morte é lenta, e os amigos — inclusive o narrador — juntam-se em sua casa, revezando-se na assistência.

Depois daquela crise, na promiscuidade e na azáfama dos dias de angústia, existia entre nós todos uma familiaridade estranhável. Dormíamos quase sempre juntos, homens e mulheres, sentados

---

1 "Com efeito: *Caetés* é dum Anatole ou Eça brasileiro." Otto Maria Carpeaux, "Visão de Graciliano Ramos", em *Origens e fins*. Rio de Janeiro: CEB, 1943, p. 341.

como selvagens. Muitas necessidades sociais tinham-se extinguido; mostrávamos às vezes impaciência, irritação, aspereza de palavras; pela manhã as senhoras apareciam brancas, arrepiadas, de beiços amarelentos; à noite procurávamos com egoísmo os melhores lugares para repousar. Enfim, numa semana havíamos dado um salto de alguns mil anos para trás.

Como se vê, há em *Caetés* muita coisa de qualidade, expressa com equilíbrio harmonioso e mordente. Embora fique meio na sombra em face dos grandes livros posteriores, os atributos de colorido e medida impõem a sua leitura e o salvam da severidade do autor, que, parece, quase se envergonhava de havê-lo publicado. Ainda isto mostra que foi um preâmbulo a superar; foi o exercício mediante o qual liquidou as raízes pós-naturalistas e se libertou para as obras-primas.

2.

A expressão "ocupa um lugar à parte na literatura" é lugar-comum da crítica, usado quando não se tem o que dizer. Apesar disso, sinto a necessidade de recorrer a ele para entrar na análise de *São Bernardo*.

Um romance pode ser grande e não ocupar lugar à parte na literatura. É frequente, pelo contrário, que a sua grandeza seja devida à normalidade com que se integra no clima dominante da época. Assim, *Banguê*, *Os Corumbas*, *Jubiabá*, *Mundos mortos* são livros excelentes, mas não destoam, quanto à maneira, do conjunto das correntes literárias a que se filiam. Isto é: como eles há outros, embora de qualidade inferior, de que são como irmãos mais belos. Parecem (para não sair da frase feita) diversos picos de uma serra, ou dos vários ramos da mesma serra. *São Bernardo*, porém, como *O amanuense Belmiro* ou *A quadragésima porta*, permanece isolado, com uma originalidade que, se não o faz maior que os demais, torna-o sem dúvida mais estranho, quase ímpar.

Este grande livro é curto, direto e bruto. Poucos, como ele, serão tão honestos nos meios empregados e tão despidos de *recursos*; e esta força parece provir da unidade violenta que o autor lhe imprimiu. Os personagens e as coisas surgem nele como meras modalidades do narrador, Paulo Honório, ante cuja personalidade dominadora se amesquinham, frágeis e distantes. Mas Paulo Honório, por sua vez, é modalidade duma força que o transcende e em função da qual vive: o sentimento de propriedade. E o romance é, mais do que um estudo analítico, verdadeira patogênese deste sentimento.[2]

De guia de cego, filho de pais incógnitos, criado pela preta Margarida, Paulo Honório se elevou a grande fazendeiro, respeitado e temido, graças à tenacidade infatigável com que manobrou a vida, pisando escrúpulos e visando o alvo por todos os meios.

> O meu fito na vida foi apossar-me das terras de São Bernardo, construir esta casa, plantar algodão, plantar mamona, levantar a serraria e o descaroçador, introduzir nestas brenhas a pomicultura e a avicultura, adquirir um rebanho bovino regular.

É um verdadeiro homem de propriedade, mais ou menos no sentido dos Forsyte, de Galsworthy — isto é, gente para a qual o mundo se divide em dois grupos: os eleitos, que têm e respeitam os bens materiais; os réprobos, que não os têm ou não os respeitam.

Daí resultam uma ética, uma estética e até uma metafísica. De fato não é à toa que um homem transforma o ganho em verdadeira ascese, em questão definitiva de vida ou morte.

2 Cf. Carpeaux, op. cit., p. 348.

A princípio o capital se desviava de mim, e persegui-o sem descanso, viajando pelo sertão, negociando com redes, gado, imagens, rosários, miudezas, ganhando aqui, perdendo ali, marchando no fiado, assinando letras, realizando operações embrulhadíssimas. Sofri sede e fome, dormi na areia dos rios secos, briguei com gente que fala aos berros e efetuei transações de armas engatilhadas.

O próximo lhe interessa na medida em que está ligado aos seus negócios, e na ética dos números não há lugar para o luxo do desinteresse.

[...] esperneei nas unhas do Pereira, que me levou músculo e nervo, aquele malvado. Depois, vinguei-me: hipotecou-me a propriedade e tomei-lhe tudo, deixei-o de tanga.

[...] levei Padilha para a cidade, vigiei-o durante a noite. No outro dia cedo, ele meteu o rabo na ratoeira e assinou a escritura. Deduzi a dívida, os juros, o preço da casa, e entreguei-lhe sete contos, quinhentos e cinquenta mil-réis. Não tive remorsos.

Uma só vez ele age em obediência ao sentimento da gratidão, recolhendo a negra que o alimentou na infância e que ama com a espécie de ternura de que é capaz. Mas ainda aí as relações afetivas só se concretizam numericamente:

A velha Margarida mora aqui em São Bernardo, numa casinha limpa, e ninguém a incomoda. Custa-me dez mil-réis por semana, quantia suficiente para compensar o bocado que me deu.

Com o mesmo utilitarismo estreito analisa a sua conduta:

A verdade é que nunca soube quais foram os meus atos bons e quais foram os maus. Fiz coisas boas que me trouxeram prejuízo; fiz coisas ruins que me deram lucro.

Até quando escreve, a sua estética é a da poupança:

> É o processo que adoto: extraio dos acontecimentos algumas parcelas; o resto é bagaço.

Fora das atitudes consistentes em adquirir ou conservar bens materiais, não apenas o senso moral, mas o próprio entendimento baralha e não funciona.

A aquisição e transformação da fazenda São Bernardo leva todavia o instinto de posse a complicar-se em Paulo Honório com um arraigado sentimento patriarcal, naturalmente desenvolvido — tanto é verdade que os modos de ser dependem em boa parte das relações com as coisas.

> Amanheci um dia pensando em casar.

Não que estivesse amando, pois

> não me ocupo com amores, devem ter notado, e sempre me pareceu que mulher é um bicho esquisito, difícil de governar [...]. O que sentia era desejo de preparar um herdeiro para as terras de São Bernardo.

A partir desse momento, instalam-se na sua vida os fermentos de negação do instinto de propriedade, cujo desenvolvimento constitui o drama do livro.

Com efeito, o patriarca à busca de herdeiro termina apaixonado, casando por amor; e o amor, em vez de dar a demão final na luta pelos bens, se revela, de início, incompatível com eles. Para adaptar-se, teria sido necessária a Paulo Honório uma reeducação afetiva impossível à sua mentalidade, formada e deformada. O sentimento de propriedade, acarretando o de segregação para com os homens, separa, porque dá nascimento ao medo de perdê-la e às relações de concorrência. O amor, pelo contrário, unifica e totaliza. Madalena, a mulher — humanitária, mãos-abertas —, não concebe a vida como relação de possuidor a coisa possuída. Daí o horror com que Paulo Honório vai percebendo a sua fraternidade, o sentimento incompreensível de participar da vida dos desvalidos, para ele, simples autômatos, peças da engrenagem rural. Quando casa, aos quarenta e cinco anos, já o ofício criou nele as paixões correspondentes, que o modelaram na inteireza do egoísmo.

Conheci que Madalena era boa em demasia, mas não conheci tudo duma vez. Ela se revelou pouco a pouco, e nunca se revelou inteiramente. A culpa foi minha, ou antes, a culpa foi desta vida agreste, que me deu uma alma agreste.

A bondade humanitária de Madalena ameaça a hierarquia fundamental da propriedade e a couraça moral com que foi possível obtê-la. O conflito se instala em Paulo Honório, que reage contra a dissolução sutil da sua dureza.

Descobri nela manifestações de ternura que me sensibilizaram [...]. As amabilidades de Madalena surpreenderam-me. Esmola grande.

Mas:

Percebi depois que eram apenas vestígios da bondade que havia nela para todos os viventes.

A solução do conflito é o ciúme, que mata a mulher. Até então, ninguém fazia sombra a Paulo Honório; agora, eis que alguém vai destruindo a sua soberania; alguém brotado da necessidade patriarcal de preservar a propriedade no tempo, e que ameaça perdê-la. O senhor de São Bernardo reage pelo ciúme, expansão natural do seu temperamento forte e forma, ora disfarçada, ora ostensiva, do mesmo senso de exclusivismo que o dirige na posse dos bens materiais. Ciúme que aparece, às vezes, como eco de costumes primitivos, de velhos raptos tribais, de casamentos por compra fervendo no sangue.

Mas nessa luta não há vencedores. Acuada, brutalizada, Madalena se suicida. Paulo Honório, vitorioso, de uma vitória que não esperava e não queria, sente, no admirável capítulo XXXVI, a inutilidade do esforço violento da sua vida.

> Sou um homem arrasado […]. Nada disso me traria satisfação […]. Quanto às vantagens restantes — casas, terras, móveis, se-moventes, consideração de políticos, etc. — é preciso convir em que tudo está fora de mim. Julgo que me desnorteei numa errada […]. Estraguei minha vida estupidamente […]. Madalena entrou aqui cheia de bons sentimentos e bons propósitos. Os sentimentos e os propósitos esbarraram com a minha brutalidade e o meu egoísmo.

* * *

Portanto, ao contrário de *Caetés*, que se horizontaliza na mediania dos personagens, *São Bernardo* é centralizado pela erupção duma personalidade forte, e esta, a seu turno, pela tirania de um sentimento dominante. Como um herói de Balzac, Paulo Honório corporifica uma paixão, de que tudo mais, até o ciúme, não passa de variante. Em *Caetés*, qualquer um poderia ter agido como João Valério, na mesma mediocridade de sentimento e atitude. Ninguém, em *São Bernardo*, poderia agir como Paulo Honório, pois ninguém possui a flama interior, graças à qual pôde superar a adversidade. Mas ao vencer a vida ficou, de certo modo, vencido por ela, pois ao lhe imprimir a sua marca ela o inabilitou para as aventuras da afetividade e do lazer. Neste estudo patológico de um sentimento, Graciliano Ramos — juntando mais um dado à psicologia materialista de *Caetés* — parte do pressuposto de que a maneira de viver condiciona o modo de ser e de pensar.

> Creio que nem sempre fui egoísta e brutal. A profissão é que me deu qualidades tão ruins. E a desconfiança terrível que me aponta inimigos em toda a parte! A desconfiança é também uma consequência da profissão.

Não se trata, evidentemente, do resultado mecânico de certas relações econômicas. Uma profissão, ou ocupação qualquer, é um todo complexo, integrado por certos impulsos e concepções que ultrapassam o objetivo econômico. E este todo complexo — como aprendemos nos romances de Balzac — vai tecendo em torno da pessoa um casulo de atitudes e convicções que se apresentam, finalmente, como a própria personalidade. Em Paulo Honório, o sentimento de propriedade, mais do que simples instinto de posse, é uma disposição total do espírito, uma atitude geral diante das coisas. Por isso engloba todo o seu modo de ser, colorindo as próprias relações afetivas. Colorindo e deformando. Uma personalidade forte, nucleada por paixão duradoura — avareza, paternidade, ambição, crueldade —, tende a extremar-se, em detrimento do equilíbrio do espírito: Harpagão, Goriot, Sorel, Verkovenski.

> Foi este modo de vida que me inutilizou. Sou um aleijado. Devo ter um coração miúdo, lacunas no cérebro, nervos diferentes dos nervos dos outros homens. E um nariz enorme, uma boca enorme, dedos enormes.

O seu caso é dramático porque há fissuras de sensibilidade que a vida não conseguiu tapar, e por elas penetra uma ternura engasgada e insuficiente, incompatível com a dureza em que se encouraçou. Daí a angústia desse homem de propriedade, cujos sentimentos eram relativamente bons quando escapavam à tirania dela, e que descobre em si mesmo estranhas sementes de moleza e lirismo, que é preciso abafar a todo custo.

Emoções indefiníveis me agitam — inquietação terrível, desejo doido de voltar, de tagarelar novamente com Madalena, como fazíamos todos os dias, a esta hora. Saudade? Não, não é isto: é antes desespero, raiva, um peso enorme no coração.

* * *

Sendo romance de sentimentos fortes, *São Bernardo* é também um romance forte como estrutura psicológica e literária. Longe de amolecer a inteireza brutal do temperamento e do caráter de Paulo Honório nos dissolventes sutis da análise, Graciliano apresenta-o com a maior secura, extraindo a sua verdade interior dos atos, das situações de que participa. E a concentração no tema da vontade de domínio permite dar-lhe um ritmo psicológico definido e relativamente simples nas linhas gerais, a despeito da profundidade humana que o caracteriza.

Dois movimentos o integram: um, a violência do protagonista contra homens e coisas; outro, a violência contra ele próprio. Da primeira, resulta São Bernardo-fazenda, que se incorpora ao seu próprio ser, como atributo penosamente elaborado; da segunda, resulta São Bernardo-livro-de-recordações, que assinala a desintegração da sua pujança. De ambos, nasce a derrota, o traçado da incapacidade afetiva.

O primeiro movimento ganha corpo no prazer da construção material em que Paulo Honório se realiza enquanto homem, acrescentando a si os bens nos quais lhe parece residir o bem supremo. Por meio de enumerações curtas e precisas, ele grava no leitor o quadro da paisagem humanizada pelos elementos que lhe acrescentou com o trabalho: o açude e suas plantas aquáticas, o descaroçador e a serraria, movidos com a energia fornecida por ele; as culturas bem tratadas, o gado de raça. Tudo, numa palavra, que, vindo sobrepor-se à fazenda decadente que soube arrebatar aos maus proprietários, perpassa discreta mas necessariamente em cada página, como suporte do seu modo de ser e legitimação dos seus atos. Por isso justificaram-se as liquidações sumárias de vizinhos incômodos, a corrupção de funcionários e jornalistas, a brutalização dos subordinados.

Uma fazenda como *São Bernardo* era diferente.

Não se podia comparar a qualquer outra empresa, pois era o prolongamento dele próprio; era a imagem concreta da sua vitória sobre homens e obstáculos de vário porte, reduzidos, superados ou esmagados. E assim percebemos o papel da violência, que voltada para fora é vontade e constrói destruindo.

Mas vimos que este primeiro movimento se entrelaça com outro: voltada para dentro, a violência é dissolução e destrói construindo. Caracteriza-se efetivamente pela volúpia do aniquilamento espiritual, o cultivo implacável do ciúme, que não é senão uma forma de exprimir a vontade de poderio e recusar o abrandamento da rigidez. Certa

tarde, no escritório, uma ideia indeterminada saltou-me na cabeça, esteve por lá um instante quebrando louça e deu o fora. Quando tentei agarrá-la, ia longe.

O fato é que consegue agarrá-la, plantando-a dolorosamente no pensamento e dela extraindo a causa final da sua desgraça.

Nesse processo de autodevoramento pelo ciúme e pela dúvida, ele anula a construção anterior, percebe a vacuidade das realizações materiais e nega o próprio ser, que elas condicionam. Intervém então o elemento inesperado: Paulo Honório sente uma necessidade nova — escrever — e dela surge uma nova construção: o livro onde conta a sua derrota. Por meio dele obtém uma visão ordenada das coisas e de si, pois no momento em que se conhece pela narrativa, destrói-se enquanto homem de propriedade, mas constrói com o testemunho da sua dor a obra que redime. E a inteligência se elabora nos destroços da vontade.

O próprio estilo, graças à secura e violência dos períodos curtos, nos quais a expressão densa e cortante é penosamente obtida, parece indicar essa passagem da vontade de construir à vontade de analisar, resultando um livro direto e sem subterfúgio, honesto como um caderno de notas.

Aqui não há mais, como em *Caetés*, influências diretoras, jeito de exercício. Há um processo estilístico maduro, revelando o grande escritor na plenitude dos recursos. A aprendizagem laboriosa do volume anterior deu todos os frutos: narração, diálogo e monólogo fundem-se numa peça harmoniosa e sem lacunas, onde cada palavra ou conceito, obtidos nas altas temperaturas da inspiração e lavrados pelo senso artístico, perfazem a unidade inimitável cujo efeito sobre nós procuramos inutilmente explicar. Veja-se um exemplo desta síntese, em que sentimos a presença dos elementos apontados em *Caetés*, mas que aqui não podemos separar: caracterização do personagem pelo exterior; progressão psicológica do diálogo, obtida por notações breves e certeiras; conhecimento do espírito pela situação:

— Por que foi esse atraso, seu Ribeiro? Doença?

O velho esfregou as suíças, angustiado:

— Não senhor. É que há uma diferença nas somas. Desde ontem procuro fazer a conferência, mas não posso.

— Por que, seu Ribeiro?

E ele calado.

— Está bem. Ponha um cartaz ali na porta proibindo a entrada às pessoas que não tiverem negócio. Aqui trabalha-se. Um cartaz com letras bem grandes. Todas as pessoas, ouviu. Sem exceção.

— Isso é comigo? disse d. Glória *esticando-se.*

— Prepare logo o cartaz, seu Ribeiro.

— Perguntei se era comigo, tornou d. *Glória diminuindo um pouco.*

— Ora, minha senhora, é com toda a gente. Se eu digo que não há exceção, não há exceção.

— Vim falar com minha sobrinha balbuciou d. Glória *reduzindo- -se ao volume ordinário.*[3]

Caso elucidativo é o da paisagem. Não há em *São Bernardo* uma única *descrição*, no sentido romântico e naturalista, em que o escritor procura fazer efeito, encaixando no texto, periodicamente, visões ou arrolamentos da natureza e das coisas. No entanto, surgem a cada passo a terra vermelha, em lama ou poeira; o verde das plantas; o relevo; as estações; as obras do trabalho humano: e tudo forma enquadramento constante, discretamente referido, com um senso de oportunidade que, tirando o caráter de *tema*, dá significado, incorporando o ambiente ao ritmo psicológico da narrativa. Esse livro breve e severo deixa no leitor impressões admiráveis.

Casou-nos o padre Silvestre, na capela de São Bernardo, diante do altar de S. Pedro.

---

3 Assinalei os pontos nevrálgicos que compõem o movimento psicológico da cena.

Estávamos em fim de janeiro. Os paus-d'arco, floridos, salpicavam a mata de pontos amarelos; de manhã a serra cachimbava; o riacho, depois das últimas trovoadas, cantava grosso, bancando rio, e a cascata em que se despenha, antes de entrar no açude, enfeitava-se de espuma.

Quando viu os arames da iluminação, o telefone, os móveis, vários trastes de metal, que Maria das Dores conservava areados, brilhando, d. Glória confessou que a vida ali era suportável.

— Eu não dizia?

Ofereci-lhe um quarto no lado esquerdo da casa, por detrás do escritório, com janela para o muro da igreja, vermelho. O muro está hoje esverdeado pelas águas da chuva, mas naquele tempo era novo e cor de carne crua. Eu e Madalena ficamos no lado direito — e da nossa varanda avistávamos o algodoal, o prado, o descaroçador com a serraria e a estrada, que se torce contornando um morro.

Se a percepção literária do mundo sensível aparece aqui refinada, é igualmente notável o progresso verificado nos mecanismos do monólogo interior, gênese dos sentimentos e evocação da experiência vivida. A narrativa áspera de um homem que se fez na brutalidade e hesita ante a confissão vai aos poucos ganhando contornos mais macios, entrando pela pesquisa do próprio espírito, até atingir uma eloquência pungente, embora freada pelo pudor e pela inabilidade em se exprimir de todo, tão habilmente elaborada pelo autor. O capítulo XXXI, no qual desfecha não apenas o seu drama íntimo, mas o da pobre Madalena, que se mata, é talvez o encontro ideal das linhas de construção da narrativa — desde o amadurecimento da autoconsciência até a primeira noção do seu fracasso humano, numa sequência admirável em que se vêm unir a paisagem e a rotina de trabalho na fazenda, o significado latente do diálogo, as entrelinhas cheias de ecos e premonições. E o capítulo XIX — um dos mais belos trechos da nossa prosa contemporânea — pode ser citado como ponto alto daquela mistura de realidade presente e representação evocativa, cujo esboço vimos em *Caetés*. Nesta história rude ela surge de maneira depurada, mostrando que o autor conseguiu inscrevê-la na categoria pouco acessível das obras-primas.

3.

Dos livros de Graciliano Ramos, *Angústia* é provavelmente o mais lido e citado, pois a maioria da crítica e dos leitores o considera a sua obra-prima. Obra-prima não será, mas é sem dúvida o mais ambicioso e espetacular de quantos escreveu. Romance excessivo, contrasta com a discrição, o despojamento dos outros, e talvez por isso mesmo seja mais apreciado, apesar das partes gordurosas e corruptíveis (ausentes de *São Bernardo* ou *Vidas secas*) que o tornam mais facilmente transitório. Não sendo o melhor, engastam-se todavia em seu tecido nem sempre firme, entre defeitos de conjunto, as páginas e trechos mais fortes do autor.

É um livro fuliginoso e opaco. O leitor chega a respirar mal no clima opressivo em que a força criadora do romancista fez medrar o personagem mais dramático da moderna ficção brasileira — Luís da Silva. Raras vezes encontraremos, na nossa literatura, estudo tão completo de frustração. Com efeito, Luís não é um frustrado como Bento Santiago, o professor Jeremias ou Belmiro Borba — que se envolvem numa cortina de ironia, mediocridade cética ou lirismo. Mas um frustrado violento, cruel, irremediável, que traz em si reservas inesgotáveis de amargura e negação.

Há certos indivíduos que têm na alma um zero, funcionando como multiplicador dos valores que se aproximam: em Luís da Silva, não existe esse dissolvente integral, como poderíamos pensar à primeira vista. Um zero interior anula os valores propostos ao pensamento: nele, há depravação dos valores, sentimento de abjeção ante o qual tudo se colore de tonalidade corrupta e opressiva. Ao contrário da complacência irônica ou piedosa revestida pelo negativismo de Bento Santiago, Jeremias ou Belmiro (no fim das contas, uma forma de perdoar-se a si mesmo), vemos em Luís da Silva uma fúria evidente contra a sua vida e a sua pessoa, pelas quais não tem a menor estima. Falta-lhe, na verdade, o mínimo de confiança necessária para viver, e o único parente seu que conheço é o herói de *Um homem dentro do mundo*, de Osvaldo Alves, possuído pelo mesmo negativismo. Deste modo, a vida se torna pesadelo sem saída, onde as visões desnorteiam e suprimem a distinção do real e do fantástico.

Daí a referida fuligem, que encobre, suja, sufoca e dá desejos impossíveis de libertação. Luís da Silva se sente sujo fisicamente, e a obsessão da água purificadora percorre o livro, no qual o banheiro desempenha papel importante.

> Alguns dias depois, achava-me no banheiro, nu, fumando... Abro a torneira, molho os pés.

> O banheiro da casa de seu Ramalho é junto, separado do meu por uma parede estreita.

> Lá estava Marina outra vez nova e fresca, enchendo a boca e atirando bochechos nas paredes.

> Lavo as mãos uma infinidade de vezes por dia, lavo as canetas antes de escrever, tenho horror às apresentações, aos cumprimentos, em que é necessário apertar a mão que não sei por onde andou... Preciso muita água e muito sabão.

Este sentimento de abjeção volta-se sobre ele próprio; Luís da Silva se anula pela autopunição e só consegue equilibrar-se assassinando o rival, equilíbrio precário que o deixa arrasado, mas de qualquer modo é a única maneira de afirmar-se.

Analisando este sentimento de culpa, encontramos no livro um movimento de consciência angustiada que o aproxima do poema "A mão suja", de Carlos Drummond de Andrade, do qual parece irmão gêmeo na ficção:

Minha mão está suja.
Preciso cortá-la.
Não adianta lavar.
A água está podre.
Nem me ensaboar.
O sabão é ruim.
A mão está suja,
suja há muitos anos.

Lendo o poema, entendemos melhor o romance e o seu irremediável desespero, tão surdo, cerrado e profundo como o de muitos versos do grande poeta mineiro. Desespero oriundo do sentimento de um drama não só pessoal, mas também coletivo. Drama de todos, de tudo; da vida malfeita, dos homens mal vividos. Drama da velha Germana, "que dormiu meio século numa cama dura e nunca teve desejos"; de José Baía, matando sem maldade e de riso claro; de seu Evaristo, enforcado num galho de carrapateiro; do Lobisomem e suas filhas. Gente acuada, bloqueada, esmagada pela vida, espremida até virar bagaço, sem entender o porquê disso tudo. E a dureza, a incrível dureza desse pequeno mundo sem dinheiro nem horizonte, cuja existência é uma rede simples e bruta de pequenas misérias, golpes miúdos e infinitas cavilações.

Não há saída. O judeu Moisés prega a revolução social e distribui boletins. Nada, porém, penetra a opacidade das vidas pequeno-burguesas, inacessíveis à renovação e tropegamente aferradas à migalha. A filosofia de *Angústia* pressupõe, além do nojo, a inércia, amarela e invicta.

Na realidade, nojo, inércia e desespero são características de Luís da Silva, mas se estendem por todo o livro porque ele assimila o mundo ao seu mundo interior. Na crispada corrente da narrativa, todos se dispõem como projeção dele próprio: a miséria dos outros é a sua e uma vaga fraternidade liga-o a seu Ramalho, à fraqueza de d. Adélia, à maluquice de Vitória. O vagabundo Ivo é um eco da sua própria inquietação, da resignada submissão ao fado; Moisés tem na revolução a confiança que quisera ter e não pode; o próprio Julião Tavares, que entra na vida de ombros e cotovelos, possui desenvoltura que o atrai. Essa solidariedade do narrador com os outros personagens contribui para unificar a atmosfera pesada, multiplicando em combinações infindáveis o drama básico da frustração.

Aprofundando a análise e passando desse limbo de vidas mesquinhas para os círculos mais ásperos dos motivos, talvez pudéssemos encontrar, pelo menos em parte, uma explicação sexual para a consciência estrangulada de Luís da Silva. Com efeito, há no livro três aspectos sexuais do seu abafamento.

Na infância, foi o isolamento imposto pelo pai, a solitude na qual se desenvolveram os sonhos e os germes da inadaptação.

Eu ia jogar pião, sozinho, ou empinar papagaio. Sempre brinquei só.

Sonhos e desejos, acumulados na infância, não se libertam na mocidade. Pobre, vagabundo, humilhado, Luís vive sem mulheres, represando luxúria; em consequência,

o amor para mim sempre fora uma coisa dolorosa, complicada e incompleta.

Finalmente, quando encontra Marina, vem Julião Tavares e a carrega, deixando-o na angústia maior do ciúme, alimentado pelo desejo insatisfeito. Essa tensão dramática do sexo reprimido percorre quase todas as páginas. Luís tem a obsessão da intimidade dos outros. Fareja safadezas, vê em tudo manifestações eróticas e vestígios de posse. Penso, mesmo, que o problema do recalque e o consequente sentimento de frustração estão marcados por três símbolos fálicos: as cobras da fazenda do avô, os canos de água de sua casa e a corda com que enforca Julião.

Lembrei-me da fazenda de meu avô. As cobras se arrastavam no pátio. Eu juntava punhados de seixos miúdos que atirava nelas até matá-las [...]. Certo dia uma cascavel se tinha enrolado no pescoço do velho Trajano, que dormia num banco do copiar. Eu olhava de longe aquele enfeite esquisito. A cascavel chocalhava, Trajano dançava no chão de terra batida e gritava: Tira, tira, tira.

Dentre as imagens da infância, esta é a que lhe vem à memória em momentos de angústia com maior frequência e sem motivo aparente. Às vezes retoca-a, acrescentando um detalhe; outras, apenas menciona. Surge pela primeira vez quando Luís se sente traído, espezinhado no orgulho de homem por Julião Tavares. Naturalmente, a cobra seria solução para matar o rival — como os canos de sua casa pobre, os mesmos que levavam água à casa de Marina e também podem matar:

Um pedaço daquilo é uma arma terrível. Uma arma terrível, sim senhor, rebenta a cabeça dum homem.

E o instrumento de morte lhe parece animado:

O cano estirava-se como uma corda grossa bem esticada, uma corda muito comprida.

Por fim, a corda lhe é dada por seu Ivo, num momento em que o desespero o predispunha a tudo, e ele se enche a princípio de horror, pressentindo a utilidade que poderá ter, de acordo com desejos ainda mal definidos. Parece-lhe que assume a forma de cobra, alucinando-o com o movimento dos anéis. Pouco tempo depois, mata com ela Julião Tavares.

Ora, a morte deste, como vimos, é afirmação de virilidade espezinhada. Pensamos, então, no papel obscuro, no significado dessa corda que tem vida, como a cobra, e mata, como o cano de água. Água, princípio fertilizante; cobra, ser vivo que mata. Uma ligação profunda da vida e da morte; do desejo bloqueado de viver, libertando-se pela supressão de um dos obstáculos, o rival. Amor e morte, como nos mitos.

A violenta fixação fálica está diretamente ligada ao tom de sexo recalcado, ao abafamento psicológico do livro. O menino que viveu sozinho, o adolescente sem amor, insatisfeito, se expande num falismo violento; este, entrando em conflito com a consciência de recalcado, o interioriza, inabilitando-o para relações normais e o leva, num assomo de desespero, a matar Julião. Matá-lo com a corda, imagem que liberta, por transferência, a energia frustrada da sua virilidade.

Se for cabível a sugestão apresentada, será preciso, ainda assim, completá-la com as condições nas quais se desenvolveu a vida de Luís da Silva. A decadência do avô, Trajano Pereira de Aquino Cavalcante e Silva, e a do pai, "reduzido a Camilo Pereira da Silva", criaram um ambiente de derrota prévia para a sua carreira; e a educação, forçando-o a refugiar-se no próprio eu, transformou as pessoas em seres agressivos.

Sou uma besta. Quando a realidade me entra pelos olhos, o meu pequeno mundo desaba.

De vez em quando levava a mão ao rosto, e o contato da palma com a barba crescida arrancava-me palavrões obscenos grunhidos em voz baixa. Um porco, parecia um porco. Esta comparação não me entristecia. Desejava ser como os bichos e afastar-me dos outros homens.

E ali estava encostado ao balcão, sem perceber o que diziam, meio bêbedo, suscetível e vaidoso, desconfiado como um bicho.

Por isso o semelhante é quase sempre barreira em que bate, incapaz de adaptar-se. As relações humanas lhe parecem sempre contaminadas, e é com relativo sentimento de triunfo que se crispa, enojado, para perceber a vida sexual no aposento vizinho; ou vislumbra, de tocaia — numa página grosseira —, a presença na latrina da namorada infiel. Reduzidos à animalidade, os seres humanos lhe aparecem em tais momentos como os quereria ver sempre. Tanto, que bane das recordações e devaneios qualquer imagem de fugidia beleza, ou interpretação que projete claridade benéfica sobre os atos.

De todo aquele romance que se passou num fundo de quintal as particularidades que melhor guardei na memória foram os montes de cisco, a água empapando a terra, o cheiro dos monturos, urubus nos galhos da mangueira, farejando ratos em decomposição no lixo. Tão morno, tão chato! Nesse ambiente empestado Marina continuava a oferecer-se, negaceando.

As pessoas que tolera são pobres-diabos, igualmente acanalhados pela vida: Moisés, revolucionário furtivo e medroso; o vagabundo Ivo; Pimentel, escriba derrotado e primário.

Os demais lhe causam nojo ou pavor. E eis que surge, gordo, burro, suado, eufórico, rico, a nulidade triunfante de Julião Tavares. A sua morte se impõe a Luís quase com a mesma necessidade de purificação que o faz procurar a água. Em meio à imundície dos seres, inclusive a própria, são necessários certos arrancos bruscos, que não solucionam, mas constituem tentativa de seguir vivendo. Se em Julião Tavares vem corporificar-se o que odeia — ou o que Graciliano odeia, como lembra Laura Austregésilo—,[4] ele se torna o obstáculo máximo entre os obstáculos. Os seres são assim e nós procuramos superá-los pela força — como tenta em relação a Marina. Resistindo, devem ser destruídos para não ficarmos destruídos. Esta ideia, que antes não lhe ocorrera, ocorre-lhe agora como solução das derrotas constantes. Mas não vem de chofre. Insinua-se devagar no espírito, numa progressão admiravelmente bem conduzida, que é das melhores coisas do livro. Ora em conexão longínqua com os símbolos referidos, ora em ideias de morte sem nitidez, ora reportando-se a uma pessoa estranha, como o marido de d. Rosália, que mal conhecia, mas ouvia, à noite, nas atividades barulhentas do leito conjugal, do outro lado da parede.

Para sugerir esse mundo atroz, Graciliano Ramos modifica a técnica anterior. Como em *Caetés* e *São Bernardo*, a narrativa é na primeira pessoa; mas só aqui podemos falar propriamente em monólogo interior, em palavras que não visam interlocutor e decorrem de necessidade própria. Nos dois primeiros, há separação nítida entre a realidade narrada e a do narrador, mesmo quando (em *São Bernardo*) este se impõe à narrativa; em ambos, os figurantes são respeitados como tais e as cenas apresentadas como unidades autônomas. Em *Angústia*, o narrador tudo

---

4 "As várias faces secretas de Graciliano Ramos", em *Homenagem a Graciliano Ramos*. Rio de Janeiro: Alba, 1943, p. 83.

invade e incorpora à sua substância, que transborda sobre o mundo. Daí uma apresentação diferente da matéria.

O diálogo, por exemplo, que antes era o principal instrumento na arquitetura das cenas (chegando a parecer excessivo em *Caetés* e pelo menos abundante em *São Bernardo*), se reduz a pouco. A narrativa rompe amarras com o mundo e se encaminha para o monólogo de tonalidade solipsista. O devaneio assume valor onírico, e o livro parece ao leitor

... as horas de um longo pesadelo...

Além disso, surge elemento novo: o recurso à evocação autobiográfica, que se junta frequentemente, por associação, às coisas vistas e à experiência cotidiana, para constituir o fluxo da vida interior. Cada acontecimento é estímulo para Luís da Silva repassar teimosamente fatos e sentimentos da infância e da adolescência, que pesam na sua vida de adulto como sementeira longínqua das ações e do modo de ser.

Nesta altura cabe uma interrogação: até que ponto há elementos da vida do romancista no material autobiográfico do personagem?

Ninguém dirá que sou vaidoso referindo-me a esses três indivíduos

— disse ele no discurso em que agradeceu o jantar do cinquentenário —

porque não sou Paulo Honório, não sou Luís da Silva, não sou Fabiano.[5]

5 *Homenagem*, op. cit., p. 29.

Quanto ao primeiro e ao terceiro, não há dúvida. Do segundo, nota-se que a sua meninice é, pouco mais ou menos, a narrada em *Infância*. Só que reduzida a elementos da etapa anterior aos dez anos, quando morou na fazenda, à sombra do avô materno (aqui, paterno), e na vila de Buíque; aproveitou, pois, a parte do sertão, como quem quer dar maior aspereza às raízes do personagem. Pelas *Memórias do cárcere*, sabemos ainda que emprestou a este emoções e experiências dele próprio, inclusive o desagrado pelo contato físico e o episódio com a filha da dona da pensão, no cinema, que o obseda. E não é difícil perceber que deu a Luís da Silva algo de muito seu: a vocação literária, o ódio ao burguês e coisas ainda mais profundas.

Angústia é o livro mais pessoal de Graciliano Ramos

— escreveu certa vez Almeida Sales:

De outra maneira não se explica essa espontaneidade de criação, essa realidade de situações, esse desembaraço analítico com que espia o seu Luís da Silva.[6]

Poder-se-ia talvez dizer que Luís é personagem criado com premissas autobiográficas; e *Angústia*, autobiografia potencial, a partir do *eu* recôndito. Mas no processo criador tais premissas (que cavam funduras insuspeitadas no subconsciente e no inconsciente) receberam destino próprio e deram resultado novo — o personagem —, no qual só pela análise baseada nos dois livros autobiográficos podemos discernir virtualidades do autor.

Tome-se o caso da atitude literária. Raras vezes se encontrará escritor de alto nível que deprecie tão metodicamente a própria obra. Há em Graciliano uma espécie de irritação

6 "Graciliano Ramos", *Cadernos da hora presente*, v. I, maio 1939, p. 153.

permanente contra o que escreveu; uma sorte de arrependimento que o leva a justificar e quase desculpar a publicação de cada livro, como ato reprovável. Nas *Memórias do cárcere* há todo um complexo de *Angústia*, neste sentido. *Caetés* causa-lhe repulsa tão profunda que prefere evitar-lhe o título. *São Bernardo* e *Vidas secas* lhe parecem "simplesmente toleráveis", na informação de Francisco de Assis Barbosa. Isto se deve, é claro, ao anseio de perfeição; mas também a uma vaidosa timidez, que chega ao negativismo e ao pudor de mostrar algo muito seu.

Em Luís da Silva esta tendência toca o paroxismo. Seus escritos, que punitivamente faz para vender, dão-lhe nojo, como literatice sem sentido. Vende, página por página, o caderno de sonetos; o resto é consumido pelos ratos.

> Afinal íamos encontrar o armário dos livros transformado em cemitério de ratos. Os miseráveis escolhiam para sepultura as obras que mais me agradavam. Antes, porém, faziam um sarapatel feio na papelada. Mijavam-me a literatura toda, comiam-me os sonetos inéditos. Eu não podia escrever.

Veja-se ainda a atitude em face dos bem-postos e satisfeitos da vida. Sente-se por toda a obra de Graciliano (e os livros pessoais vêm confirmar) uma aversão, que vai da mal refreada birra ao ódio puro e simples, pelos ricos, importantes, doutos, fariseus, homens dos vários graus de compromisso com a ordem estabelecida. É uma espécie de projeção da sua náusea ante os livros de leitura do solene barão de Macaúbas, cujas barbas, nos respectivos frontispícios, lhe pareciam a mais torva ameaça à inteligência e à beleza, como nos conta em *Infância*. Nas *Memórias do cárcere* há frequente acentuação da sua canhestrice, rusticidade, laconismo, em face dos brilhantes. No fundo, certo alívio de não ser como eles, que lhe despertam desconfiança e aversão.

Estas, em Luís da Silva, são máximas. A misantropia deságua em asco ou agressiva indiferença, pelos homens do Instituto Histórico, os ricaços, os altos funcionários, os literatos. E tudo converge para Julião Tavares, "patriota e versejador", caricatura do tipo que lhe desagrada e intimida — desde a capacidade de comunicação fácil até a ligação entre literatura e arrivismo. A sua morte, como bem viu Laura Austregésilo no estudo citado, é a vingança sobre os aspectos humanos que mais o repelem e, convém notar, já se esboçavam no Evaristo Barroca, de *Caetés*.

Poderíamos ainda lembrar o sexo que, segundo nos diz em *Memórias do cárcere*, ocasionava nele rebeliões periódicas e violentas — confinadas à esfera do desejo. Em *Angústia*, romance de carne torturada, esta violência rompe as comportas, se objetiva e alcança o seu complemento, que é a ânsia de destruição.

Poderíamos dizer finalmente que isso tudo se reúne na referida antinomia sujeira-limpeza, que o persegue fisicamente nas *Memórias do cárcere* e, transposta ao plano moral, é um dos eixos para se compreender em profundidade a personalidade de Luís da Silva. No romance, aparecem libertados os impulsos complementares de abjeção e purificação, que procura superar pela destruição de Julião Tavares — não apenas homem física e moralmente sujo (suado, desonesto), como verdadeira encarnação da ideia de imundície.

Assim, parece que *Angústia* contém muito de Graciliano Ramos, tanto no plano consciente (pormenores biográficos) quanto no inconsciente (tendências profundas, frustrações), representando a sua projeção pessoal até aí mais completa no plano da arte. Ele não é Luís da Silva, está claro; mas Luís da Silva é um pouco o resultado do muito que, nele, foi pisado e reprimido. E representa na sua obra o ponto extremo da ficção; o máximo obtido na conciliação do desejo de desvendar-se com a tendência de reprimir-se, que deixará brevemente de lado a fim de se lançar na confissão pura e simples.

4.

Antes, porém, escreveu alguns contos e *Vidas secas*.[7] Os primeiros são, no geral, medíocres. Constrangidos e dúbios, mais parecem fragmentos; falta-lhes certa gratuidade artística e a capacidade de afundar-se sinceramente numa situação limitada, esquecendo possíveis desenvolvimentos, sem o que dificilmente se manipula um bom conto. Por isso mesmo, talvez haja maior afinidade entre o contista e o cronista — ambos sentindo que, sob a futilidade aparente da anedota, da ocorrência singular e do puro arabesco intelectual, podem ocultar-se verdades que o romancista só desvenda por meio de sequências mais longas, num contexto que ambiciona refazer o ritmo da vida, enquanto o conto só visa a um momento significativo e literariamente depurado. Com a exceção do maior de todos, Machado de Assis, os nossos grandes contistas não têm sido ao mesmo tempo grandes romancistas, embora um ou outro tenha escrito bons romances.

Vidas secas (para alguns a obra-prima do autor) pertence a um gênero intermediário entre romance e livro de contos, e o estudo da sua estrutura esclarece melhor o pouco êxito de Graciliano neste gênero. Com efeito, é constituído por cenas e episódios mais ou menos isolados, alguns dos quais foram efetivamente publicados como contos; mas são na maior parte

7 Publicados em jornais, aqui e na Argentina, os contos foram depois reunidos em volume, que se chamou primeiro (numa designação não sei até que ponto intencional, mas que descreve bem a sua verdadeira natureza) *Histórias incompletas* (Porto Alegre: Livraria do Globo, 1946). Mais tarde, reorganizados, com supressões dos fragmentos de livro e acréscimos, constituíram o volume *Insônia* (Rio de Janeiro: José Olympio, 1947).

por tal forma solidários, que só no contexto adquirem sentido pleno. Quando se aproxima das técnicas do conto, Graciliano cria "histórias incompletas", subordinadas a um pensamento unificador, que pôde aqui reunir sem violência sob o nome de romance, embora, na qualificação excelente de Rubem Braga, "romance desmontável".

De qualquer modo, é o último dos seus livros de ficção e contrasta com os anteriores por mais de um aspecto. Parece que, fatigado da brutalidade esterilizante de Paulo Honório e do niilismo corruptor de Luís da Silva, quis oferecer da vida uma visão, sombria, é verdade, mas não obstante limpa e humana. Fabiano é um esmagado, pelos homens e pela natureza; mas o seu íntimo de primitivo é puro. Temos a impressão de que esse vaqueiro taciturno e heroico brotou do segundo capítulo d'*Os sertões*, onde Euclides da Cunha descreve a retidão impensada e singela do campeiro nordestino. Talvez seja esse o motivo de Otto Maria Carpeaux ter falado em otimismo a propósito de *Vidas secas*, no ensaio por todos os títulos magistral que escreveu sobre o nosso autor em *Origens e fins*.

Por isso este livro apresenta um passo além da simplicidade e pureza de linhas, já plenamente realizadas em *São Bernardo*: vai ao tosco e ao elementar. Paulo Honório e Luís da Silva pensam, logo existem; Fabiano existe, simplesmente. O seu mundo interior é amorfo e nebuloso, como o dos filhos e da cachorra Baleia. O que há nele são os mecanismos da associação e da participação; quando muito, o resíduo indigerido da atividade cotidiana. É, portanto, mais que simples, primitivo; e o livro, mais tosco do que puro. A sua estrutura de pequenos quadros justapostos lembra certos polípticos medievais, onde a vida de um bem-aventurado ou os fastos de um herói se organizam em unidade bastante livre: dispensado o nexo rigoroso da sequência, vemos aqui um nascimento; em seguida, uma caçada, logo uma batalha e, finalmente, a extrema-unção, presidida por um santo, com a assistência dos anjos. Igualmente sumárias e eloquentes são as pequenas telas encaixilhadas de Graciliano Ramos, em que nos é dado, ora este, ora aquele passo do calvário dos personagens. Não falta a festa votiva nem o lampejo das armas; não falta, sobretudo, a paisagem de fundo, áspera e contundente na seca, promissora nas águas, movimentada e vária nos povoados.

Benjamim Crémieux falou de romance em rosácea a propósito do *Temps perdu*. Parece-me que *Vidas secas* pode, noutro sentido e com maior propriedade, classificar-se de igual modo, contanto que imaginemos uma rosácea simples e nítida, em que as cenas se disponham com ordenada simplicidade. Políptico ou rosácea — qualquer coisa de nítido e primitivo, cuja cena final venha encontrar a do princípio: Fabiano, retirando pela caatinga, abandona a fazenda que animou por algum tempo.

Mais do que os outros, este livro é uma história, contada diretamente. A alma dos personagens, perquirida com amor e sugerida com desatavio, é apenas a câmara lenta do mesmo brilho que lhes vai nos olhos. Não pressupõe refolhos, não devora, nem *Vidas secas* é romance de análise, no sentido de que nele o conhecimento prima a ação. Análise haverá em *Caetés*, dissolvida habilmente na ironia e no humor; haverá no desespero soturno de *São Bernardo*, ou na desagregação moral de *Angústia*. Aqui, não. O matutar de Fabiano ou Sinhá Vitória não corrói o *eu* nem representa atividade excepcional. Por isso é equiparado ao cismar dos dois meninos e da cachorrinha, pois no primitivo, na criança e no animal a vida interior obedece a outras leis, que o autor procura desvendar: não se opõe ao ato, mas nele se entrosa, imediatamente. Daí a pureza do livro, o impacto direto e comovente, não dispersado por qualquer artificioso refinamento.

Note-se que, abandonando a técnica dos livros anteriores, Graciliano abandona aqui a narrativa na primeira pessoa e suprime o diálogo. A rusticidade dos personagens tornava impossível a primeira técnica; a segunda viria trazer uma ruptura do admirável ritmo narrativo que adotou, e solda no mesmo fluxo o mundo interior e o mundo exterior. Em nenhum outro livro é tão sensível quanto neste a *perspectiva recíproca*, referida acima, que ilumina o personagem pelo acontecimento e este por aquele. É que ambos têm aqui um denominador comum que os funde e nivela — o meio físico. Essas iluminuras de Livro de Horas (áspero livro em que Deus é substituído pela fatalidade e pelo desespero) constituem na verdade um romance telúrico, uma decorrência da paisagem, entroncando-se na geografia humana. Deste modo representam a incorporação de Graciliano Ramos às tendências mais típicas do romance nordestino, no qual se enquadrava apenas em parte até então; e ninguém melhor que ele estabelece e analisa os vínculos brutais entre homem e natureza no Nordeste árido. *Vidas secas* ilustra, na ficção, o determinismo desesperado d'*Os sertões*:

O martírio do homem, ali, é o reflexo de tortura maior, mais ampla, abrangendo a economia geral da Vida. Nasce do martírio secular da Terra...

Ora, o drama de *Vidas secas* é justamente esse entrosamento da dor humana na tortura da paisagem. Fabiano ainda não atingiu o estágio de civilização em que o homem se liberta mais ou menos dos elementos. Sofre em cheio o seu peso, sacudido entre a fome e a relativa fartura; a curva da sua existência segue docilmente os caprichos hidrográficos que lhe dão vida ou morte. Para continuar com Euclides:

O heroísmo tem nos sertões, para todo o sempre perdidas, tragédias espantosas. Não há revivê-las ou episodiá-las. Surgem de uma luta que ninguém descreve — a insurreição da terra contra o homem.

Graciliano criou um drama daquele heroísmo e desta insurreição. Fabiano, a mulher, os filhos e a cachorra decorrem da seca. À maneira do sertanejo euclideano, são apagados na bonança, erigindo-se inesperadamente em heróis ante a ameaça de situações decisivas. Os lances da sua vida são corolários do meio físico e da organização social a ele ajustada. Para eles a existência é de fato uma sequência de quadros aparentemente autônomos, mas contraditórios, cuja unidade só existe para o demiurgo que os animou; e deste modo se esclarece para o leitor a razão profunda da *estrutura desmontável* acima referida.

Vidas secas começa por uma fuga e acaba com outra. Decorre entre duas situações idênticas, de tal modo que o fim, encontrando o princípio, fecha a ação num círculo. Entre a seca e as águas, a vida do sertanejo se organiza, do berço à sepultura, a modo de retorno perpétuo. Como os animais atrelados ao moinho, Fabiano voltará sempre sobre os passos, sufocado pelo meio. Daí a sua psicologia rudimentar de forçado. Como está n'*Os sertões*:

> O círculo estreito da atividade remorou-lhe o aperfeiçoamento psíquico.

É preciso todavia lembrar que essa ligação com o problema geográfico e social só adquire significado pleno, isto é, só atua sobre o leitor, graças à elevada qualidade artística do livro. Graciliano soube transpor o ritmo mesológico para a própria estrutura da narrativa, mobilizando recursos que a fazem parecer movida pela mesma fatalidade sem saída. Euclides da Cunha tomou o sertanejo e deu ao seu drama (que foi o primeiro a exprimir convenientemente) faíscas de epopeia.

Graciliano esbateu-o no ramerrão das misérias diárias e o fez irremediavelmente doloroso. Apegou-se a um determinismo semelhante ao d'*Os sertões*, tornando-o inflexível pela representação literária do eterno retorno. E assim como José Lins do Rego produziu as obras-primas das terras de massapé, com a planturosidade das regiões fartas, ele se tornou o escritor por excelência da terra estorricada. Romance da zona pastoril, encourado como ela na secura da fatalidade geográfica. Da consciência mortiça do bom Fabiano podem emergir os transes periódicos em que se estorce o homem esmagado pela paisagem e pelos outros homens. Assim como em dado momento sente a nostalgia do cangaço, nada o impede de seguir Antônio Conselheiro — únicas saídas para recompor a consciência mutilada. Consciência que lhe permitiria matar um homem com a gratuidade e a pureza de Casimiro Lopes em *São Bernardo* e José Baía em *Angústia*.

5.

E assim chegamos aos livros pessoais, onde, obedecendo à tendência manifestada em *Angústia*, Graciliano aborda diretamente a sua experiência.

Apesar de a crítica mais em voga (reagindo contra certos exageros de origem romântica) afirmar que a obra vale por si, e em si mesma deve ser considerada, independente da pessoa do escritor, não nos furtamos à curiosidade que este desperta. Se cada livro pode dar lugar a um interesse apenas imediato, isto é, esgotado pelo que ele pode oferecer, uma obra, em conjunto, nos leva quase sempre a averiguar a realidade que nela se exprime e as características do homem a quem devemos esse sistema de emoções e fatos tecidos pela imaginação.

Infância e *Memórias do cárcere* satisfazem este desejo com referência a Graciliano e, pelas citações anteriormente feitas, vimos o quanto servem para compreender os seus livros. E servem mais do que pode parecer, pois não apenas revelam certas características pessoais transpostas ao romance, como esclarecem o modo de ser do escritor, permitindo interpretar melhor a sua própria atitude literária. Assim, embora desprovido de elementos autobiográficos aparentes, *São Bernardo* fica mais nítido após a sua leitura; fica de alguma forma tão pessoal quanto *Angústia*, ao compreendermos quanto da sua desesperada contensão (do seu gelo ardente, diria um barroco) se arraiga na personalidade do autor.

É preciso dizer ainda que *Infância* e *Memórias do cárcere* valem por si, como leitura autônoma, independente da utilização mais ou menos indevida a que os submete o crítico, pois do ponto de vista humano e artístico são grandes livros, no nível do que o autor escrevera de melhor até então. Aquele, narrando os primeiros anos de vida, ainda se prende a uma tonalidade quase romanesca; no segundo, esta desaparece ante o depoimento.

Talvez seja errado dizer que *Vidas secas* é o último livro de ficção de Graciliano Ramos. *Infância* pode ser lido como tal, pois a sua fatura convém tanto à exposição da verdade quanto da vida imaginária; nele, as pessoas parecem personagens e o escritor se aproxima delas por meio da interpretação literária, situando-as como criações.

É claro que toda biografia de artista contém maior ou menor dose de romance, pois frequentemente ele não consegue pôr-se em contato com a vida sem recriá-la. Mas, mesmo assim, sentimos sempre um certo esqueleto de realidade escorando os arrancos da fantasia. Na mentirada das *Confissões*, de Rousseau, percebemos essa ossatura que não nos deixa confundi-la com um romance. Percebemos, sobretudo, o tom de crônica, a divisão matemática do tempo. Em *Infância*, o esqueleto quase se desfaz, dissolvido pela maneira de narrar, *simpática* e não objetiva, restando apenas uns pontos de ossificação para nos chamar à realidade. Para o leitor que não conhece a zona do autor, creio que esses pontos não passam de alguns nomes de cidade e de gente: Buíque, Viçosa, Mota Lima. Por outro lado, *São Bernardo* se passa em Viçosa e *Caetés*, em Palmeira dos Índios e nem por isso deixam de ser romances. E para nós não há diferença alguma entre, por exemplo, seu Ribeiro, de *São Bernardo*, e o avô do narrador, em *Infância*: ambos têm a consistência autêntica dos personagens criados. De tal modo que a veracidade deste livro só encontra testemunho garantido nos outros de Graciliano Ramos ou, para ser mais preciso, em *Angústia*. A ficção, neste caso, explica a vida do autor, ao contrário do que se dá geralmente. Muitas das pessoas aparecidas na primeira parte de *Infância* já eram nossos conhecidos de *Angústia*. E penetrando na vida do narrador menino, parece-nos que há nela o estofo em que se talham personagens como Luís da Silva.

Nesta narração autobiográfica, um dos traços mais constantes é o sentimento de humilhação e de machucadura. Humilhação de menino fraco e tímido, maltratado pelos pais e extremamente sensível aos maus-tratos sofridos e presenciados. Por toda parte, recordações doídas de alguma injustiça, de alguma vitória descarada do forte sobre o fraco. Talvez porque ante a sensibilidade do narrador as circunstâncias banais da vida avolumassem como outras tantas brutalidades. Em casa, na rua, na escola, vê sempre um indefeso nas unhas de um opressor. A priminha, Venta-Romba, o colega perseguido, João, ele próprio. E sempre — sempre — a punição é gratuita, nascendo daquela desnorteante injustiça com que trava conhecimento certo dia, por causa do cinturão paterno. A consequência natural é o refúgio no mundo interior e o interesse pelos aspectos inofensivos da vida. Inofensivos e, portanto, inúteis. Sonhar, ler, imaginar mundos na escala das baratas.

O avô paterno fora também um perdido no meio dos homens práticos e úteis.

[...] não gozava, suponho, muito prestígio na família. Possuíra engenhos na mata; enganado por amigos e parentes sagazes, arruinara e dependia dos filhos.

Era frágil, sonhador, gostava de cantar e fazer "urupemas rijas e sóbrias", desprezadas pelos outros em favor das "corriqueiras, enfeitadas e frágeis". O narrador herdou a tara desse antepassado, diferente dos homens sem mistério que o rodeavam, e a sua vocação literária terá provavelmente muito de fuga para uma atividade que traz plenitude. Mas, por sua vez, a literatura não dá segurança, porque a obra de arte realiza apenas uma parcela mínima do que se imaginou. O avô paterno fazia urupemas que não o contentavam; mas, apesar de criticado, perseverou.

[...] não porque as estimasse, mas porque era o meio de expressão que lhe parecia mais razoável.

Do mesmo modo procede o narrador — provavelmente à busca de saída para o "inútil excessivo". E compreende, então, o sentido daquele avô isolado.

A grandeza e a harmonia singular hoje desdobram a figura gemente e mesquinha, de ordinário ocupada, apesar da moléstia, em fabricar miudezas. Tinha habilidade notável e muita paciência. Paciência? Acho que não é paciência. É uma obstinação concentrada, um longo sossego, que os fatos exteriores não perturbam. Os sentidos esmorecem, o corpo se imobiliza e curva, toda a vida se fixa em alguns pontos — no olho que brilha e se apaga, na mão que solta o cigarro e continua a tarefa, nos beiços que murmuram palavras imperceptíveis e descontentes. Sentimos desânimo ou irritação, mas isso apenas se revela pela tremura dos dedos, pelas rugas que cavam. Na aparência estamos tranquilos. Se nos falarem, nada ouviremos ou ignoraremos o sentido do que nos dizem. E, como há frequentes suspensões no trabalho, com certeza imaginarão que temos preguiça. Desejamos realmente abandoná-lo. Contudo gastamos uma eternidade num arranjo de ninharias, que se combinam, resultam na obra tormentosa e falha.

Insisti nesta citação longa porque, referindo-se ao avô, ela se refere também ao neto, como nos aparece neste livro de memórias; e certamente ao futuro escritor que persegue a expressão do pensamento. Verdadeira síntese da criação artística, o trecho acima é o mais importante de *Infância*, porque se apresenta como chave de vocação.

Portanto, o narrador tem de comum com os heróis dos romances de Graciliano Ramos a circunstância de necessitarem todos eles de evasão. João Valério, em *Caetés*, se refugia na história dos índios; Paulo Honório, em *São Bernardo*, escreve memórias, da mesma forma que Luís da Silva, em *Angústia*. Fabiano não pode evadir-se porque não consegue ver uma nesga na sufocação completa que o oprime.

Mas explicar a arte pela necessidade de fugir é coisa vaga e geral; mais ou menos um pressuposto em todo artista. O problema de Graciliano Ramos, como de muitos romancistas, é que os seus livros são espécies de proposições de uma vida possível. O menino de *Infância* é um embrião de Luís da Silva, de João Valério e do próprio Fabiano. Ampliando o que ficou dito em relação a *Angústia*, talvez se possa afirmar que há em *Caetés* e *Vidas secas* um desenvolvimento de tendências potenciais. Ou, mesmo, hipertrofia de certos aspectos realmente acontecidos na vida do narrador. *Vidas secas* teria sido possível, se a seca descrita em *Infância* arruinasse o pai e, de queda em queda, o nivelasse aos retirantes de pé no chão. Foi, pelo menos, uma passagem sentida na meninice, quando o narrador padece de sede, deitado na esteira, enquanto Amaro e José Baía (Fabianos possíveis) cortam mandacarus para o gado e o pai se abate, vencido pelos elementos. Apenas em Paulo Honório não somos capazes de reconhecer uma evolução provável do herói de *Infância*. Homem rijo e insensível às machucaduras da vida, teve uma mocidade obstinada de lutador. Os mundos movediços do sonho, da dúvida e da autoabjeção (que formam, em doses variadas, a psicologia de João Valério e Luís da Silva) apenas se revelam a ele na entrada da velhice e, mesmo assim, hesitantes e mal definidos.

Lendo *Infância*, concluímos que os livros de Graciliano Ramos se concatenam num sistema literário pessimista. Meninos, rapazes, homens, mulheres; pobres, ricos, miseráveis; inteligentes, cultos, ignorantes — todos obedecem a uma fatalidade cega e má. Vontade obscura de viver, mais forte nuns que noutros, que os leva a caminhos pré-traçados pelo peso do meio social, físico, doméstico. A vida é um mecanismo de negaças em que procuramos atenuar o peso inevitável dessas fatalidades: e parecemos ridículos, maus, inconsequentes. Às vezes somos fortes e pensamos esmagar a vida; na realidade, esmagamos apenas os outros homens e acabamos esmagados por ela. Nada tem sentido, porque no fundo de tudo há uma semente corruptora, que contamina os atos e os desvirtua em meras aparências. Uns se refugiam na ironia e no ceticismo, como João Valério, ou na fúria decepcionada da renúncia, como Paulo Honório. Outros se entregam ao desespero, como Luís da Silva. Outros, ainda, abrem os olhos sem entender e os baixam de novo, resignados, como Fabiano. Tudo depende do ponto de partida: da educação, das pancadas, do sexo reprimido ou satisfeito, da falta ou da abundância de dinheiro. O narrador de *Infância* se encarrega de nos ensinar algumas das razões dessa cadeia necessária de sofrimentos. Os castigos imerecidos, as maldades sem motivo, de que são vítimas os fracos, estão na base da organização do mundo. Ele, a priminha, João, o colega, Venta-Romba, a irmã natural representam a semente da filosofia de vida característica dos romances de Graciliano Ramos. Ela não é nova nem brilhante, e isso não importa. Um artista nada mais faz do que tomar os lugares-comuns e renová-los pela criação.

* * *

Memórias do cárcere é evidentemente outro universo. O adulto se empenha nas coisas do século, é preso, jogado dum canto para outro e desce a fundo na experiência dos homens. O resultado principal parece ter sido a compreensão de que estes são mais complicados e que é muito mais esfumada a divisão sumária entre bem e mal. Há um nítido processo de descoberta do próximo e revisão de si mesmo, que o romancista anota sofregamente, como se estivesse completando pela própria vivência o panorama que antes havia elaborado no plano fictício.

Ao longo do livro, repetem-se as surpresas em face da gentileza, bondade ou solidariedade, que colhem desprevenido esse pessimista insigne, arredio e maldisposto para com o semelhante, por motivos que relatou em *Infância* e só aqui produzem frutos.

Em geral me envergonhava por objeções vagas, qualquer dito que revelasse a mais leve censura me tocava melindres bestas. Talvez isso fosse consequência de brutalidades e castigos suportados na infância: encabulava sem motivo e andava a procurar intenções ocultas em gestos e palavras.

Contenho-me ao falar a desconhecidos, acho-os inacessíveis, distantes; qualquer opinião diversa da minha choca-me em excesso;

vejo nisso barreiras intransponíveis — e revelo-me suspeitoso e hostil. Devo ser desagradável, afasto as relações.

Daí o espanto ao sentir a solidariedade alheia, chegando a pensar em traição da memória, quando se lembra do oferecimento de dinheiro feito pelo seu primeiro guardião, "o excelente capitão Lobo". Seria possível? O leitor acreditará? Há no fato, para ele, tal subversão de papéis e prenoções, que um capítulo inteiro é consagrado à ocorrência estranha, fora das possibilidades humanas: um oficial que se prontifica a auxiliar um escritor prisioneiro.

No entanto, a vida de quartel, porão de navio, cadeia e colônia correcional lhe mostraria aberrações semelhantes, levando-o a descobrir inesperadas qualidades no próximo e tirar, com elas, novas medidas da sua alma, apalpando-se, procurando em si vestígios da mesma massa.

Se os nossos papéis estivessem trocados,

pergunta noutra conjuntura,

haveria eu procedido como ele, acharia a maneira conveniente de expressar um voto generoso? Talvez não. Acanhar-me-ia, atirar-lhe-ia de longe uma saudação oblíqua, fingir-me-ia desatento. Essas descobertas de caracteres estranhos me levam a comparações muito penosas: analiso-me e sofro.

Certa noite, pela escotilha do navio, um compassivo soldado da guarda lhe estende várias vezes um copo de água:

Estranho, estranho demais... Precisamos viver no inferno, mergulhar nos subterrâneos sociais, para avaliar ações que não poderíamos entender aqui em cima. Dar de beber a quem tem sede.

Bem. Mas como exercer na vida comum essa obra de misericórdia? Há carência de oportunidade, as boas intenções embotam-se, perdem-se. Ali me havia surgido uma alma na verdade misericordiosa. Ato gratuito, nenhuma esperança de paga; qualquer frase conveniente, resposta de gente educada, morreria isenta de significação. Na véspera outro desconhecido, negro também, me havia encostado um cano de arma à espinha e à ilharga; e qualquer gesto de revolta ou defesa passaria despercebido. Esquisito. Os acontecimentos me apareciam desprovidos de razão, as coisas não se relacionavam.

Daí uma tentação de raciocinar como Paulo Honório e julgar os atos, próprios e alheios, pela vantagem ou prejuízo que trazem.

Era razoável observá-los com frieza, alheio e distante. Impossível. Insensibilizava-me à brutalidade, encolhera os ombros indiferente, como se ela não fosse comigo; tinha-me habituado a ela na existência anterior, dirigida a mim e a outros. Não podia esquivar-me àquela piedade que ali espreitava o fundo do porão, em busca de sofrimentos remediáveis.

Nunca percebera, em longos anos, casos semelhantes.

Mas a tendência para observar imparcialmente os fatos não o abandona; é a própria marca do romancista, para quem, apesar de tudo, se impõe a certa altura o "ponto de vista de Sírius" e a vocação do espetáculo; e é também o desencanto do pessimista, pouco afeito a aceitar a existência do bem.

Aqueles fatos não encerravam, possivelmente, a significação que eu lhes atribuía. O selvagem de bugalho vermelho me encostara sem raiva a arma ao corpo; ação repetida, profissional, movimento de bruto impassível... E a criatura solícita que me favorecera duas vezes comportava-se levada pelo hábito, nem avaliava a grandeza do benefício. Proceder mecânico de funcionário. Arreliava-me essa conjectura, confessava-me ingrato. Para justificar o primeiro soldado, reduzia a benevolência do segundo. O infeliz jogo mental nos despoja, nos rouba os impulsos mais sãos. Contingência miserável.

Aliás, essa dificuldade de admirar e aceitar as boas qualidades humanas (manifestada a cada passo do livro) não representa mesquinharia, pois corresponde a uma severidade constante para consigo.

Sei lá o que se passava em meu interior? [...] é o exame do procedimento alheio que às vezes revela as nossas misérias íntimas, nos faz querer afastar-nos de nós mesmos, desgostosos, nos incita a correção aparente. Na verdade, vigiando-me sem cessar, livrava-me de exibir sentimentos indignos. Afirmaria, porém, que eles não existiam? Tudo lá dentro é confuso, ambíguo, contraditório, só os atos nos evidenciam, e surpreendemo-nos, quando menos esperamos, fazendo coisas e dizendo palavras que nos horrorizam.

Sente-se bem o autor de *Angústia* e o "complexo da mão suja"; mas devolvendo estas linhas ao contexto total do livro, podemos verificar que toda a experiência nele registrada passa pelo crivo exigente da autoanálise sem complacência, para condicionar, no plano dos atos, um traçado límpido e nobre de comportamento. Graciliano — é a impressão que temos — sai depurado, íntegro, mais capaz do que nunca de encarar a vida com amarga retidão, disposto a trazê-la para o testemunho escrito sem ira nem disfarce.

Nada mais significativo desse estado de espírito — que é humanização no sentido mais nobre — do que a imparcialidade desse comunista convicto e militante, que preservou, dentro das convicções, a capacidade de ver os semelhantes à luz das qualidades e defeitos reais, não do matiz político.

[...] notei em redor frieza e hostilidade, enfim percebi que me consideravam trotskista. Esse juízo era idiota e não lhe prestei nenhuma atenção. A vaidade imensa de Trótski me enjoava; o terceiro volume da autobiografia dele me deixara impressão lastimosa. Pimponice, egocentrismo, desonestidade. Mas isso não era razão para inimizar-me com pessoas que enxergavam qualidades boas no político malandro. A opinião delas, nesse ponto, não me interessava. Nunca tentei coagir-me, transigir.

Isto nos leva a pensar numa das suas qualidades fundamentais: respeito pela observação e amor à verdade. Como escritor, era compelido por força invencível a registrar os frutos da observação segundo os princípios da verdade. Apesar de toda a severidade para com a própria obra e o pavor vaidoso de lançá-la à publicidade,[8] não pôde deixar de escrever, estilizar ou, mais tarde, registrar o que via. No tremendo porão do navio, na cela, na colônia correcional, quando o horror ou o tédio da situação o levavam ao jejum, à repulsa pelo mundo, vai anotando a sua experiência febrilmente, sem parar. Era uma vocação imperiosa, vencendo peia, timidez, pudor, desconfiança, tornando-o um "servidor da vida", no sentido de que esta o estimulava e perturbava, nele e fora dele, obrigando-o a lhe dar categoria de arte.

Para Graciliano a experiência é condição da escrita; e em José Lins do Rego admira a capacidade de descrever com a pura imaginação.

8 Vejam-se, nas *Memórias do cárcere*, os trechos seguintes: v. I, pp. 92 e 211; v. II, pp. 30, 87 e 124; v. III, p. 45; v. IV, pp. 84 e 147.

Eu seria incapaz de semelhante proeza: só me abalanço a expor a coisa observada e sentida.

Nada me interessava fora dos acontecimentos.

Daí compreendermos que a experiência era para ele um atrativo irresistível; e que, sobretudo quando fonte de comoção da personalidade, não podia escapar à necessidade de fixá-la. Literatura para ele era coisa profunda, e cada um dos seus livros, depois de *Caetés*, ou entra dolorosamente pelos problemas do espírito, tirando substância do seu próprio, ou enfrenta situações cruciais de vida. Em *São Bernardo*, nada menos que a validade da conduta, a correlação entre a eficácia dos atos e o seu sentido para a integridade pessoal. Em *Vidas secas*, a liberdade em face das circunstâncias. Em *Angústia*, a relação entre o pensamento e o ato. Em todos eles, o problema do bem e do mal, encarado de um ângulo materialista, e que nos dois livros autobiográficos é proposto em função da sua própria vida.

Um homem, portanto, para quem esta se apresenta como foco de problemas; que no desejo de corresponder ao seu estímulo, agiu, sofreu, escreveu e, nos livros, nunca se afastou deles. Qual o significado geral do que elaborou, neste sentido? A resposta só pode ser uma tentativa de apreciar, no conjunto, as tendências fundamentais da sua produção.

6.

Na obra de Graciliano Ramos há duas componentes bem marcadas que constituem, por assim dizer, o nervo da sua estrutura: uma, de lucidez e equilíbrio e outra, de desordenados impulsos interiores. A tendência dominante do seu espírito visa à primeira e, baseado nela, constrói a expressão desataviada e parcimoniosa, a clara geometria do estilo.

Todavia, mesmo quando ela se impõe e predomina, chegamos a sentir correntes profundas de desespero, e a certos passos até desvario, como as que estão no fundo de um personagem tão aparentemente maciço quanto Paulo Honório e vão aflorando nele através das fendas abertas pela vida. Em *Caetés*, a sua manifestação mais viva — premonitória de desenvolvimentos futuros — é o drama apenas indicado do pobre mitômano Lucílio Varejão, que constrói um mundo compensatório na mentira e se afasta para não envergonhar a filha, criada pela viúva rica sem tomar conhecimento do pai.

Já vimos, porém, que só em *Angústia* ocorre a explosão das componentes de desvario, recalcadas não só na vida, mas nos outros livros. Ao crítico, preocupado em discernir os mecanismos da criação, a comparação com *Caetés* parece mostrar que o autor quis primeiro forjar o estilo, para depois abrir as comportas do subconsciente e da revolta, deixando fluir as suas ondas obscuras nesse arcabouço nítido e seco. Daí a impressão, em todo leitor, de caos organizado, de delírio submetido à análise minudente que o torna inteligível.

Nas *Memórias do cárcere* encontramos elementos para sentir não apenas esta dualidade, como a força resultante de ordenação que as integra na unidade superior da obra literária. Nelas, com efeito, alternam-se a narrativa equilibrada, seca, e as visões de desordem e degradação. A ruptura fácil das normas de convivência (entrevista no parágrafo profético de *Caetés*, já referido) provoca nas relações humanas uma subversão paralela a que os recalques operam na consciência.

Disso resultam as melhores partes do livro, nas quais a lucidez procura dar forma à desordem exterior, com a mesma maestria que servira, em *Angústia*, para dar norma ao caos interior. Aqui a perspectiva é mais complexa, porque o drama íntimo não se nutre apenas de casos pessoais, transpostos no contexto fictício; é criado por fatores da situação em que se encontra, e deve ser analisado segundo os preceitos da verdade objetiva.

A mensagem dos romances completa-se, desse modo, com a verificação de que também no plano da vida coexistem possibilidades de equilíbrio e desequilíbrio; e também nela opera a força do espírito como condição de ordem. A grande lição de Graciliano, neste sentido, reside no esforço despendido, tanto no plano da vida quanto da criação, para forjar instrumentos que permitam construir uma linha de coerência: reconhecendo e mesmo aceitando o delírio e o caos como constantes, mas vencendo-os a cada passo pela vontade de lucidez. Pelo estilo — na arte, em que se reflete a vida profunda do espírito; pela integridade humana — na vida, em que se cruzam os fatores de desgoverno.

A isto se liga um segundo aspecto da sua obra, que se poderia talvez chamar, metaforicamente, sentimento ateu do pecado. Um pecado não oriundo da quebra de pacto com a divindade, embora, como ele, original e passível de resgate. Foi o que se apontou no decorrer deste estudo como obsessão da sujeira e da limpeza, muito visível em *Angústia*. E é o que explica o pessimismo em face dos homens — quase sempre nulos, mesquinhos e vis em sua obra. Mas é também o que prepara os caminhos para a relativa imparcialidade, visto como lhe permite focalizar de modo objetivo o comportamento, independentemente da posição atribuída pela sociedade. A decisão de encarar pela frente, sem ilusões, a vida interior completa-se nele com a decisão simétrica de encarar do mesmo modo a vida social, permitindo-lhe em ambos os casos uma corajosa amargura. Nas *Memórias do cárcere*, podendo confrontar o seu modo de ser e o dos outros, numa situação em que de todos era solicitado um desvendamento completo, pondo às claras qualidades e lacunas doutro modo refreadas, essa visão do mundo encontra a mais perfeita expressão, unificando realmente o que parece inconciliável: pessimismo e imparcialidade, condenação e confiança no homem.

Isto nos leva a pensar que a sua amargura cortante vem menos duma negação essencial deste, que da atitude de permanente desconfiança em face das normas que lhe regem a conduta e o solicitam para caminhos quase nunca favoráveis à realização plena.

Neste terreno, não há meios-tons. Graciliano Ramos, tanto na obra fictícia quanto na autobiográfica, é um negador pertinaz dos valores da sociedade e das normas decorrentes. Estas aparecem em *Caetés* como convite à hipocrisia, numa tonalidade muito cara às tradições naturalistas. Em *São Bernardo*, são a pauta dos medíocres, que o homem enérgico esfrangalha para poder construir uma vida autêntica. Em *Angústia*, são o obstáculo que cerceia o fraco e permite a acomodação vitoriosa do medíocre. Em *Vidas secas*, constituem o aparelho de opressão do pobre. Em *Memórias do cárcere*, são a iniquidade da ordem vigente, incompreensíveis, contraditórias, algo fantásticas; e apenas quando infringidas dão lugar a certo fermento de humanidade. Reportando-nos a *Infância*, vemos que, em menino, elas deram lugar a algumas das suas experiências fundamentais no conhecimento do mundo, que lhe aparece, através delas, como campo de contradições e surpresas dolorosas. O cinturão já famoso na literatura brasileira, que lhe ocasionou o castigo injusto, simboliza as raízes do seu trato com a norma social. Daí lhe parecer gratuita, arbitrária e feita para fazer sofrer. Nem doutro modo avaliou as relações com os pais, a disciplina escolar, o tratamento dispensado aos subordinados e infelizes.

Uma das experiências mais duras da criança e do adolescente é o conflito entre a virtude teórica e a conduta como realmente é. Decorrem disso o sentimento de relatividade do bem e das normas em geral, que é a prova decisiva para cada um, e de onde saímos crentes, céticos, conformados ou rebeldes. Graciliano viveu essa experiência fundamental de maneira dolorosa e se alinhou entre os últimos. Dos escritores brasileiros contemporâneos, talvez nenhum outro haja desenvolvido sentimento mais profundo, embora nem sempre ostensivo, de que a norma é o mal. Nutre birra instintiva em relação a ela, e a sua atitude genérica é uma espécie de anarquismo profundo que, não raro, se desenvolve nos homens de sensibilidade, pois a partir de experiências como as referidas, é o seu modo de compensar a decepção por não haver valores absolutos e assim aplacar a nostalgia da perfeição. No fundo desse pessimista desencantado há, com efeito, uma insatisfação permanente por viver em sociedade tão incapaz de se organizar segundo o ideal.

As considerações apontadas em detalhe na análise dos livros permitem compreender outros dois aspectos da sua obra: o papel da vontade e a oposição ao mundo.

Compreende-se, efetivamente, que num mundo de normas iníquas as cartadas do comportamento se joguem em torno da capacidade de criar ou não normas alternativas, que permitam a expansão da personalidade. Por isso, no plano das relações, os seus personagens vivem dramas ordenados em torno da vontade. Em Paulo Honório, vimos que ela é violenta e inflexível, permitindo-lhe construir-se contra os homens e as circunstâncias; e o vimos também destruído pela reversão dessa violência. João Valério é joguete de uns e outros; Luís da Silva, mais do que isso, é um meticuloso vencido. Um se afirma no momento em que ousa a conquista de Luísa, fácil, longamente temida e desejada. O outro, em plano mais dramático, necessita matar para reequilibrar-se, e assim compensar a ausência do querer. Este aparece, em *Vidas secas*, como obscura resistência da própria vida às forças negativas do meio.

É, portanto, como se houvesse um sistema de barreiras que apenas a determinação da vontade permite transpor;

consequentemente, e de acordo com a atitude pessimista, o homem se agita entre dois limites: abulia e violência; isto é, ausência mórbida da vontade e vontade desvirtuada pela força. No entanto, a realidade não é simples: ordena-se conforme um espectrograma onde vemos o violento e arbitrário Paulo Honório abalar-se até a fraqueza; o abúlico Luís da Silva embeber-se longamente na ideia de assassínio, até afirmar-se no delírio com que elimina o rival pela força. Dentro do próprio romancista, percebemos que o menino brutalizado de *Infância*, o prisioneiro das *Memórias do cárcere*, é alguém cheio de violência reprimida e largos claros de abulia, para o qual a vontade é condição de sobrevivência. A sua forma pessoal de manifestá-la é a oposição ao mundo, a resistência interior às normas — tema central do segundo livro.

No porão do navio que o traz preso ao Rio de Janeiro, faz a experiência realmente infernal da imundície, da promiscuidade, à mercê de determinações que ignora, sem noção do destino que o aguarda. O seu ajuste à situação é eloquente: fecha o corpo, não ingerindo alimento, nem o eliminando, numa crispação negativa; e no meio do pandemônio e da abjeção, redige sem parar notas em que descreve, pesa a situação; embora perdidas depois, elas formarão o núcleo germinal das *Memórias do cárcere*. Resiste, pois, tenazmente ao meio, nega-se às suas leis e encontra equilíbrio, precário mas decisivo, nas pequenas folhas de papel em que afirma a sua autonomia espiritual. A literatura é o seu protesto, o modo de manifestar a reação contra o mundo das normas constritoras. Como em quase todo artista, a fuga da situação por meio da criação mental é o seu jeito peculiar de inserir-se nele, de nele definir um lugar.

Pensando na arte como forma de protesto, podemos compreender a característica porventura fundamental da obra de Graciliano, encarada na sucessão dos livros e das etapas.

Temos com efeito, a princípio, dois romances (*Caetés* e *São Bernardo*) construídos com objetividade, não levantando outros problemas senão os da ficção. Em seguida, outro (*Angústia*), em que sentimos clara a atitude de rejeição consciente da sociedade, condicionada por tantas reminiscências e impulsos profundos, que pude falar em "autobiografia virtual", mais ou menos no sentido de autobiografia de recalques. *Infância* é autobiografia tratada literariamente; a sua técnica expositiva, a própria língua parecem indicar o desejo de lhe dar consistência de ficção. *Memórias do cárcere* é depoimento direto e, embora grande literatura, muito distante da tonalidade propriamente criadora. *Viagem*, afinal — póstumo e inacabado —, abandona os problemas pessoais para cingir-se à informação.

Vemos, pois, que a tendência principia como testemunho sobre si mesmo, por meio da ficção. O escritor vê o mundo através dos seus problemas pessoais; sente necessidade de lhe dar contorno e projeta nos personagens a sua substância, deformada pela arte. A obra surge então como "fruto de uma neurose infantil filtrada por uma nobre imaginação" (Connolly) — mas conscientemente filtrada.

A tendência para manifestar-se leva, porém, a uma encruzilhada: o romance, com todas as suas exigências formais, vai parecendo molde apertado e incompleto, e é interessante notar que o primeiro dos que fez, segundo esta orientação, foi também o último, ou, se incluirmos *Vidas secas* no rol, o penúltimo de quantos escreveu. Sente-se constrangido na ficção e abandona-a para sempre no apogeu das capacidades, com apenas quatro livros publicados. O desejo de sinceridade vai doravante levá-lo a retratar-se no mundo real em que se articulam as suas ações; já instalado na primeira pessoa do singular como artifício literário, deslizará para a experiência real dentro da mesma perspectiva de narração, mas sem qualquer subterfúgio.

Verifica-se deste modo uma circunstância de relevo para compreendê-lo: ao contrário de muitos romancistas, que poderiam ser qualificados popularmente de "cento por cento", não encontra toda a sua verdade no mundo do romance; nem a "mentirada gentil", de que fala o poeta, lhe parece veículo plenamente satisfatório para se exprimir. Aspira ao depoimento integral, porque a verdade é a sua verdade. E quando pensamos nisto começamos a entender a pouca ternura e quase pouco interesse que dispensa aos personagens, como se fossem intermediários insatisfatórios, quando não anteparos incômodos ao que deseja exprimir, e aos poucos foi descobrindo na confissão.

Aliás, não é principalmente um criador de personagens, mas de situações por meio das quais se manifesta o personagem, reduzido praticamente ao narrador de cada livro e alguns apagados satélites. O vigor das suas figuras provém sobretudo da rede habilmente tecida de circunstâncias, valores e problemas humanos em que se enquadram, e na verdade constituem o músculo do livro — embora o uso constante da narração na primeira pessoa pudesse dar impressão contrária. Este processo é oposto ao dos escritores que se concentram na caracterização e, tendendo à "galeria de tipos", fazem os figurantes sobressaírem pelo jogo das peculiaridades, e apenas secundariamente propõem uma constelação de elementos conscientemente organizados de que emerge o personagem. Os de Graciliano não passam de um por livro, diretamente ligados a problemas vividos e magistralmente propostos, que o amparam e lhe dão realidade.

Isto é dito para esclarecer que no romance há algo mais que o personagem, como há algo mais do que a imagem na poesia: a situação que o define. E embora não existam, geralmente, grandes romances sem grandes personagens, estes não bastam para defini-los como tais — tanto assim que os há fora de romance, como é o caso do Pacheco, de Eça de Queirós, apreciado justamente como característico da sua *maneira*, ao mesmo título que o conselheiro Acácio ou o conde de Gouvarinho; e, no entanto, vive numa carta de Fradique Mendes.

Embora a recíproca seja mais rara, podemos apontar alguns grandes romances construídos em torno de *situações*, sem a ocorrência de nenhum personagem impositivo, que se destaque do contexto. É o caso, por exemplo, de *Le Rivage des Syrtes*, de Julien Gracq, onde os figurantes são elementos da atmosfera fictícia e da elaboração simbólica.

Fixar-se no personagem "que só falta falar" como critério fundamental do valor de um livro é, pois, apreciar só uma parte do seu significado real. Graciliano Ramos, porém, extravasou os limites do gênero e, cada vez mais preocupado pelas situações humanas, substituiu-se ele próprio aos personagens e resolveu, decididamente, elaborar-se como tal em *Infância*, aproveitando os aspectos facilmente romanceáveis que há nos arcanos da memória infantil. A seguir, dando um passo mais, rompeu amarras com a ficção ao registrar a experiência de adulto, e realizou-se nas *Memórias* com maestria equivalente à dos livros anteriores.

Depreende-se, pois, que as reminiscências não se justapõem à sua obra, nem constituem atividade complementar, como se dá na maior parte dos casos. Pertencem-lhe, fazem parte integrante dela, formando com os romances um só bloco, pois são essenciais para a compreensão da mesma ordem de sentimentos e ideias, dos mesmos processos literários que observamos neles. A autobiografia foi um caminho que escolheu e para o qual passou naturalmente, quando a ficção já não lhe bastava para exprimir-se.

Compreendemos, assim, que os seus romances são experiências de vida ou experiências com a vida, manipulando dados da realidade com extraordinário senso de problemas. Daí serem diferentes um do outro, pois, ao contrário de escritores que giram à volta dos mesmos motivos, Graciliano — contido e meticuloso — esgotava uma direção, dizia nela o que podia e queria; em seguida, deixava-a por outra. Apesar de narrados na primeira pessoa; de as heroínas serem todas louras; de usar constantemente certas imagens — apesar destes e de outros sinais evidentes de fábrica, cada um dos seus livros procura direção diversa da anterior, como análise da vida. Em todos, porém, sentimos o crescente interesse por esta, a perturbação em face dela (segundo Leavis, a marca do grande romancista) que o levou ao testemunho direto.

O que ficou dito sugere talvez alguns elementos para compreender a sua atitude política, invocada por ligar-se à sua arte, mais do que poderia parecer.

A experiência da vida social levou-o à mencionada repulsa pelas normas, incompatibilizando-o com a sociedade que elas regulam. A leitura de seus livros mostra que, antes de qualquer adesão ao comunismo, já havia na sua sensibilidade a inconformada negação da ordem dominante e certa nostalgia de humanidade depurada, que formam o que foi designado acima como o seu fundamental anarquismo. A adesão representa, precisamente, aspiração a uma sociedade refeita segundo outras normas, e portanto completa de modo coerente a sua negação do mundo, indicando que ela era, na verdade, negação de um determinado mundo — o da burguesia e do capitalismo. A morte dos valores burgueses é surdamente desejada em sua obra, sobretudo a partir de *São Bernardo*; e o estrangulamento de Julião Tavares é de algum modo símbolo do desejo de liquidá-los.

No entanto, persiste em *Memórias do cárcere* o pouco entusiasmo pelos homens, mesmo quando os admira — pois ao fazê-lo admira-se igualmente de que sejam dignos disso.

Devo confessar-te,

diz Ivan Karamázov a Aleixo,

que jamais pude compreender como é possível amar o próximo. É justamente o próximo, penso eu, que não se pode amar; pelo menos só se pode amá-lo de longe [...]. É preciso que um homem esteja escondido para se poder amá-lo; basta mostrar o rosto e o amor desaparece.

Sem querer estabelecer um paralelo impossível, mas apenas utilizar em nosso proveito estas frases, e também algo do personagem (sobretudo a frieza negativista encobrindo um coração vulcânico disciplinado pela inteligência), partamos daí para estabelecer, desde logo, que no comunismo Graciliano Ramos talvez tenha encontrado saída para a sua necessidade profunda, e sempre contrariada, de amar os homens e acreditar na vida, pois não podia odiá-los dada a perturbação que nele despertavam e o interesse pelos seus problemas. De fato, através da própria teoria determinista que caracteriza o socialismo científico e lhe dá um travejamento de coisa necessária, pode-se amar o homem impessoalmente, por delegação ao partido ou confiança na história, reunindo-os num conjunto em que as identidades se obliteram. Fica assim superado aquele contato direto que para Ivan Karamázov é destruição de qualquer amor, e Graciliano confessa ser-lhe quase sempre penoso e cheio de decepções.

Nesse escritor cuja obra revela visão pessimista e não raro sórdida do homem, vemos a necessidade de reequilibrar-se pela crença racional, construída, na melhoria do homem — porque havia nele reservas profundas de solidariedade que a experiência da prisão justificaria e confirmaria.

Daí a importância das *Memórias do cárcere*, onde se encontram homem e ficcionista e o pessimismo de um é completado pela solidariedade participante do outro; onde se vê que a fidelidade ideológica nada tinha de imposição exterior, exigindo deformações do espírito e da sensibilidade; mas brotava de imperativos pessoais e era esculpida por eles, por assim dizer. Era algo *obtido* por construção interior e afirmado livremente no plano do comportamento, com uma grande liberdade de vistas, desinteresse pela palavra de ordem mecanicamente aceita, ausência de sectarismo. Para ele, o comportamento político — forma superior da ânsia de testemunho — foi um tipo de manifestação pessoal em que a sua imperiosa personalidade se completou, harmonizando-se livremente com uma imperiosa ideologia. Conciliando a fidelidade a si mesmo e aos princípios, foi realmente um homem na mais alta acepção da palavra, ao obter essa integração em profundidade, servindo sem se trair e oferecendo o terreno amargo da sua obra às florações do ideal.

> *Et qui sait si les fleurs nouvelles que je rêve*
> *Trouveront dans ce sol lavé comme une grève*
> *Le mystique aliment qui ferait leur vigueur?*
> (Baudelaire)

Encontrarão, sem dúvida, a retidão analítica e o senso dos problemas humanos, mais úteis à construção do homem que a logomaquia dos catecismos.

* * *

Assim, ficção e confissão constituem na obra de Graciliano Ramos polos que ligou por uma ponte, tornando-os contínuos e solidários. A esse propósito, algumas reflexões finais.

O escritor que se realiza integralmente no terreno da confissão vê o mundo, sem disfarce, através de si mesmo. É o caso de Montaigne, Peppys ou Amiel, que não precisam doutro meio para satisfazer a necessidade de dar forma às ideias e emoções.

Por outro lado, o escritor que consegue realizar-se na criação fictícia constrói, por meio dela, um sistema expressional igualmente bastante às suas necessidades de expansão e conhecimento, sem recorrer a outro. É o caso de Balzac e Machado de Assis, de Dickens e Dostoiévski, cuja obra não fictícia é circunstancial ou acessória.

Há ainda o caso dos que trabalham nas duas frentes, elaborando paralelamente a expressão pessoal e a fictícia, autônomas, embora às vezes complementares, como se vê em Rousseau ou Stendhal. Há também os que têm vocação marcada para a confissão e usam o romance como apêndice de memorial ou diário íntimo: Benjamim Constant, por exemplo. O caso mais frequente, porém, é o do romancista ou poeta que a certa altura sente necessidade de revelar-se diretamente, escrevendo confissões que completam e esclarecem a obra de criação — como estamos vendo em nossa literatura com Oswald de Andrade, Manuel Bandeira, Augusto Frederico Schmidt, Augusto Meyer, Álvaro Moreyra, Gilberto Amado.

Não será, todavia, frequente o caso de Graciliano Ramos, no qual a necessidade de expressão se transfere, a certa altura, do romance para a confissão, como consequência de marcha progressiva e irreversível, graças à qual o desejo básico de criação permanece íntegro, e a obra resultante é uma unidade solidária.

Este é um dos traços que o diferenciam dos confrades, como José Lins do Rego ou Jorge Amado, plenamente realizados dentro dos quadros da ficção, não sentindo necessidade de extravasá-los, mesmo quando querem (é o caso do segundo) exprimir a sua posição e a sua experiência política. Voltemos à constatação que Graciliano Ramos, grande romancista, não encontrou todavia no romance possibilidades que esgotassem a sua necessidade de expressão. Podemos talvez esclarecê-la dizendo que havia nele desajuste muito mais profundo de toda a personalidade, em relação aos valores sociais que a formaram e deformaram; um desajuste essencial que o levou não apenas a assumir atitude antagônica, mas a analisar em si mesmo as suas consequências. A sua obra não nos toca somente como arte, mas também (quem sabe para alguns, sobretudo) como testemunho de uma grande consciência, mortificada pela iniquidade e estimulada a manifestar-se pela força dos conflitos entre a conduta e os imperativos íntimos. E a seca lucidez do estilo, o travo acre do temperamento, a coragem da exposição deram alcance duradouro a uma das visões mais honestas que a nossa literatura produziu do homem e da vida.

Os bichos do subterrâneo

Têm garras, têm enormes perigos
De exércitos disfarçados
Milhares de gatos escondidos por detrás

[*da noite incerta.*

Mário de Andrade

I.

A obra de Graciliano Ramos mostra três aspectos distintos, embora vinculados pela unidade de concepção da arte e da vida que podemos encontrar em todo grande escritor.

Em primeiro lugar, a série de romances escritos na primeira pessoa — *Caetés, São Bernardo, Angústia* —, que constituem essencialmente uma pesquisa progressiva da alma humana, no sentido de descobrir o que vai de mais recôndito no homem, sob as aparências da vida superficial. Poderíamos dizer, usando linguagem dostoievskiana, que essa pesquisa tenta descobrir o *homem subterrâneo*, a nossa parte reprimida, que opõe a sua irredutível — por vezes tenebrosa — singularidade, ao equilíbrio padronizado do ser social.

Em segundo lugar, as narrativas feitas na terceira pessoa — *Vidas secas*, os contos de *Insônia* —, comportando visão mais destacada da realidade, estudando modos de ser e condições de existência, sem a obsessiva análise psicológica dos outros. Em terceiro lugar, encontramos as obras autobiográficas — *Infância, Memórias do cárcere* —, nas quais a subjetividade do autor encontra expressão mais pura e ele dispensa a fantasia, para se abordar diretamente como problema e caso humano.

Nos três setores encontramos obras-primas, seja de arte contida e despojada, como *São Bernardo* e *Vidas secas*; seja de imaginação lírica, como *Infância*; seja de tumultuosa exuberância, como *Angústia*. Em todas elas estão presentes a correção de escrita e a suprema expressividade da linguagem, assim como a secura da visão do mundo e o acentuado pessimismo, tudo marcado pela ausência de qualquer chantagem sentimental ou estilística. De modo geral, há nelas uma característica interessante (a cujo estudo consagrei um ensaio, "Ficção e confissão"): à medida que os livros passam, vai se acentuando a necessidade de abastecer a imaginação no arsenal da memória, a ponto de o autor, a certa altura, largar de todo a ficção em prol das recordações, que a vinham invadindo de maneira imperiosa. Com efeito, a um livro cheio de elementos tomados à experiência de menino (*Angústia*) sucede outro, de recordações, é verdade, mas apresentadas com tonalidade ficcional (*Infância*); e depois desta ponte, a narrativa sem atavios dum trecho decisivo da sua vida de homem (*Memórias do cárcere*).

Isto permite supor que houve nele uma rotação de atitude literária, tendo a necessidade de inventar cedido o passo, em certo momento, à necessidade de depor. E o mais interessante é que a transição não se apresenta como ruptura, mas como consequência natural, sendo que nos dois planos a sua arte conseguiu transmitir visões igualmente válidas da vida e do mundo.

Concluímos daí que no âmago da sua arte há um desejo intenso de testemunhar sobre o homem, e que tanto os personagens criados quanto, em seguida, ele próprio, são projeções desse impulso fundamental, que constitui a unidade profunda dos seus livros.

2.

Caetés decorre numa cidade do interior. O narrador, João Valério, empregado duma firma comercial, apaixona-se pela mulher do patrão e tem com ela um caso amoroso, que, denunciado por carta anônima, leva o marido ao suicídio. Arrependido e, aliás, arrefecido nos sentimentos, Valério acaba afastado de Luísa, mas sócio da firma. Esta é a espinha do enredo, a cuja roda se organiza a vida da cidade, descrita em cenas e retratos de perfeita fatura realista. São capitais a importância do ambiente, a descrição minuciosa das cenas, o uso realista do diálogo — de tal modo que o papel das circunstâncias é quase tão grande quanto o do protagonista. Em tal livro, a despeito do problema humano central, somos levados insensivelmente ao meio, aos outros personagens, aos pormenores externos, como desejava a estética naturalista e como procuraram realizar os seus seguidores.

Há cenas exemplares a este respeito, sobretudo coletivas, quando a técnica é solicitada para compor o intercâmbio intrincado dos figurantes: um jogo de cartas, um jantar, um velório, em que o narrador se situa no mundo como os demais personagens, e nós sentimos progredir o conhecimento dele e de todo o ambiente em que vive. No jantar cruzam-se as conversas dos figurantes, com a exata caracterização sumária de cada um e aquele ar de naturalidade, de coisa-como-realmente-se-dá, um dos mais caros objetivos do Naturalismo. Embora saibamos, e o autor deixe explícito, que o foco é a corte do narrador a Luísa, tudo se dispõe de modo a que isso não fique, para o leitor, mais importante que o movimento animado da reunião.

Tinha-se acabado a sopa. Aquele indivíduo me intrigava. Dirigi-me à vizinha da direita:

— Quem é aquele homem moreno, d. Clementina, lá na ponta, ao lado da professora?

— É o dr. Castro.

— Que significa o dr. Castro?

— Promotor, chegou há dias, parente do dr. Barroca.

Serviram um prato que não pude saber se era peixe ou carne, fatias desenxabidas em molho branco. Evaristo iniciou um palavreado sonoro, em que de novo encaixou a sã política filha da moral e da razão, mas a frase repetida não produziu efeito. Apenas o promotor balançou a cabeça e rosnou um monossílabo aprobativo. Evaristo queria eleitores conscientes, uma democracia verdadeira. Procurei pela segunda vez os olhos de Luísa, e, não os encontrando, declarei com aversão que a democracia era blague.

— Por quê?

Naturalmente porque Luísa estava amuada. Mas julguei este motivo inaceitável e perigoso: recorri a outros, que o deputado inutilizou com meia dúzia de chavões. Vitorino disse que não votava, tinha rasgado o título, achava que eleição era batota. E não compreendia o empenho do dr. Barroca em aliciar eleitores:

— Tendo quatro soldados e um cabo, o senhor tem tudo.

O dr. Castro reconheceu que os soldados e o cabo eram de grande eficiência:

— Ora, a força do direito... isto é, o direito da força... Afinal os senhores me entendem.

Além dessa forma precisa e quase impessoal de organização literária do mundo, é preciso assinalar em *Caetés* um traço importante para os rumos futuros de Graciliano Ramos: a presença esfumada dos índios, que lhe dão nome, através dum romance que João Valério anda tentando escrever sobre eles. Este romance é tratado como elemento de pitoresco e de humor; mas aos poucos vamos percebendo que desempenha certas funções, entre as quais a de esclarecer a psicologia de Valério, propenso ao devaneio e à fuga da realidade. Ou, ainda, manifestar alguns pontos de vista sobre a criação literária, não obstante o tom meio jocoso, mostrando como Graciliano a concebia e praticava — inclusive o apego irresistível à realidade observada ou sentida, que faz João Valério utilizar, na descrição do passado, as pessoas e fatos do presente. Serve também para sugerir a lentidão da escrita, escrupulosa, sem ímpeto nem facilidade, e desvendar a luta por uma visão coesa, partindo de fragmentos isolados pela percepção. Mais importante do que tudo, porém, para as intenções do presente ensaio, é a função simbólica dos caetés, encarnando o que há de permanentemente selvagem em cada homem; lembrando que, ao raspar-se a crosta policiada, desponta o primitivo, instintivo e egoísta, bárbaro e infantil.

Na última página do livro, dando um balanço melancólico na sua vida e na da cidade, João Valério sente essa presença constante. E é necessário transcrever um trecho longo, fundamental para o aspecto da obra de Graciliano, que este ensaio procura focalizar:

A estrela vermelha brilhava à esquerda. Pareceu-me pequena, como as outras, uma estrela comum. Comum, como as outras. E estive um dia muito tempo a contemplá-la com respeito supersticioso, contando-lhe cá de baixo os segredos do meu coração. E lamentei não ser selvagem para colocá-la entre os meus deuses e adorá-la.

O vento zumbia no fio telegráfico. À porta do hospital de S. Vicente de Paulo gente discutia. A escuridão chegou.

Não ser selvagem! Que sou eu senão um selvagem, ligeiramente polido, com uma tênue camada de verniz por fora? Quatrocentos anos de civilização, outras raças, outros costumes. E eu disse que não sabia o que se passava na alma de um caeté! Provavelmente o que se passa na minha, com algumas diferenças. Um caeté de olhos azuis, que fala português ruim, sabe escrituração mercantil, lê jornais, ouve missas. É isto um caeté. Estes desejos excessivos, que desaparecem bruscamente... Esta inconstância que me faz doidejar em torno de um soneto incompleto, um artigo que se esquiva, um romance que não posso acabar... O hábito de vagabundear por aqui, por ali, por acolá, da pensão para o Bacurau, da *Semana* para a casa do Vitorino, aos domingos pelos arrabaldes; e depois dias extensos de preguiça e tédio, passados no quarto, aborrecimentos sem motivo que me atiram para a cama, embrutecido e pesado... Esta inteligência confusa, pronta a receber sem exame o que lhe impingem... A timidez que me obriga a ficar cinco minutos diante de uma senhora, torcendo as mãos com angústia... Explosões súbitas de dor teatral, logo substituídas por indiferença completa... Admiração exagerada às coisas brilhantes, ao período sonoro, às miçangas literárias, o que me induz a pendurar no que escrevo adjetivos de enfeite, que depois risco...

A cidade estendia-se, lá embaixo, sob uma névoa luminosa. O vento continuava a zumbir no arame. Fazia frio. Violões passaram gemendo.

Um caeté, sem dúvida. O Pinheiro é um santo, e eu às vezes me rio dele, dou razão ao Nazaré, que é um canalha. Guardo um ódio feroz ao Neves, um ódio irracional, e dissimulo, falo com ele: a falsidade do índio. E um dia me vingarei, se puder. Passo horas escutando as histórias de Nicolau Varejão, chego a convencer-me de que são verdades, gosto de ouvi-las. Agradam-me os desregramentos da imaginação. Um caeté.

3.

Com *São Bernardo*, escrito quatro anos depois, estamos em plena maturidade literária. É a história de um enjeitado, Paulo Honório, dotado de vontade inteiriça e da ambição de se tornar fazendeiro. Depois de uma vida de lutas e brutalidade, atinge o alvo, assenhoreando-se da propriedade onde fora trabalhador de enxada e que dá nome ao livro. Aos 45 anos casa com uma mulher boa e pura, mas como está habituado às relações de domínio e vê em tudo, quase obsessivamente, a resistência da presa ao apresador, não percebe a dignidade da esposa nem a essência do seu próprio sentimento. Tiraniza-a sob a forma de um ciúme agressivo e degradante; Madalena se suicida, cansada de lutar, deixando-o só e, tarde demais, clarividente. Corroído pelo sentimento de frustração, sente a inutilidade da sua vida, orientada exclusivamente para coisas exteriores, e procura se equilibrar escrevendo a narrativa da tragédia conjugal.

Acompanhando a natureza do personagem, tudo em *São Bernardo* é seco, bruto e cortante. Talvez não haja em nossa literatura outro livro tão reduzido ao essencial, capaz de exprimir tanta coisa em resumo tão estrito. Por isso é inesgotável o seu fascínio, pois poucos darão, quanto ele, semelhante ideia de perfeição, de ajuste ideal entre os elementos que compõem um romance.

À primeira vista, poder-se-ia pensar em prolongamento da fórmula naturalista usada em *Caetés*. Mas logo percebemos que falta, nele, o que no outro livro é básico: a autonomia do mundo exterior, a realidade dos demais figurantes, amorosamente composta. Num nítido antinaturalismo, a técnica é determinada pela redução de tudo, seres e coisas, ao protagonista. Não se trata mais de situar um personagem no contexto social, mas de submeter o contexto ao seu drama íntimo. Circunstância tanto mais sugestiva quanto Graciliano Ramos guardou nele a capacidade de caracterização realista dos homens e do mundo, conservando a maior impressão de objetividade e verossimilhança ao lado da concentração absoluta em Paulo Honório, facilitada pela técnica da narrativa na primeira pessoa. O mundo áspero, as relações diretas e decisivas, os atos bruscos, a dureza de sentimentos, tudo que forma a atmosfera de *São Bernardo* decorre da visão pessoal do narrador.

Nele, fulge invicto um caeté; ele próprio se compara a um bicho, um ser dalgum modo animalizado na luta pela vida. E isto se reflete no estilo, como podemos ver, entre outros traços, pelo diálogo. Embora tecnicamente perfeito já em *Caetés*, era lá um instrumento de sociabilidade, comunicação e revelação dos outros, através do fio condutor de João Valério. Aqui, parece antes fator de antagonismo, tornando-se um contraponto de réplicas breves, essenciais, sempre desfechando em algo decisivo. Os interlocutores não falam à toa, e a impressão é que duelam. Duelo entre Paulo Honório e o pobre Luís Padilha, que termina entregando a fazenda:

> No outro dia, cedo, ele meteu o rabo na ratoeira e assinou a escritura. Deduzi a dívida, os juros, o preço da casa, e entreguei-lhe sete contos, quinhentos e cinquenta mil-réis. Não tive remorsos.

Duelos, os diálogos armados com o velho Mendonça, um de cada lado da cerca, ou na sala de visitas rondada por capangas; duelos, as conversas com Madalena, que acabam pela sua morte.

Na admirável recapitulação final, a cujo lado é fraca e juvenil a de João Valério, percebemos toda a curva de uma vida que se quis violentamente plena e acabou destruída pela ignorância dos valores essenciais.

> O que estou é velho. Cinquenta anos pelo S. Pedro. Cinquenta anos perdidos, cinquenta anos gastos sem objetivo, a maltratar-me, a maltratar os outros. O resultado é que endureci, calejei, e não é um arranhão que penetra esta casca espessa e vem ferir cá dentro a sensibilidade embotada.
>
> Cinquenta anos! Quantas horas inúteis! Consumir-se uma pessoa a vida inteira sem saber para quê! Comer e dormir como

um porco! Levantar-se cedo todas as manhãs e sair correndo, procurando comida! E depois guardar comida para os filhos, para os netos, para muitas gerações. Que estupidez! Que porcaria! Não é bom vir o diabo e levar tudo? [...]

Madalena entrou aqui cheia de bons sentimentos e bons propósitos. Os sentimentos e os propósitos esbarraram com a minha brutalidade e o meu egoísmo.

Creio que nem sempre fui assim egoísta e brutal. A profissão é que me deu qualidades tão ruins.

E a desconfiança terrível, que me aponta inimigos em toda a parte!

A desconfiança é também consequência da profissão.

Foi este modo de vida que me inutilizou. Sou um aleijado. Devo ter um coração miúdo, lacunas no cérebro, nervos diferentes dos nervos dos outros homens. E um nariz enorme, uma boca enorme, dedos enormes.

Se Madalena me via assim, com certeza me achava extraordinariamente feio.

Fecho os olhos, agito a cabeça para repelir a visão que me exibe essas deformidades monstruosas.

A vela está quase a extinguir-se.

Julgo que delirei e sonhei com atoleiros, rios cheios, e uma figura de lobisomem.

Lá fora há uma treva dos diabos, um grande silêncio. Entretanto o luar entra por uma janela fechada e o nordeste furioso espalha folhas secas no chão.

O narrador sente que o homem que ele manifestou para o mundo, e se desumanizou na conquista da fazenda São Bernardo, no domínio sobre os outros — que esse homem era uma parte do seu ser, não o seu ser autêntico; mas que o contaminou todo, inclusive a outra parte que não soube trazer à tona e que avulta de repente aos seus olhos espantados, levando-o a desleixar a fazenda, os negócios, os animais, porque tudo "estava fora dele".

4.

Sob o ponto de vista da análise da personalidade, focalizada de preferência neste ensaio, *Angústia* completa a pesquisa de Graciliano Ramos.

É a história de um frustrado, Luís da Silva, tímido e solitário, dotado de um poder mórbido de autoanálise, que o faz, em consequência, desenvolver um nojo impotente dos outros e de si mesmo. Certo dia entabula amizade com a moça vizinha, acaba apaixonado, pede-a em casamento e lhe entrega as parcas economias para um enxoval hipotético. A essa altura se intromete Julião Tavares, que tem tudo o que falta ao outro: ousadia, dinheiro, posição social, euforia e tranquila inconsciência. A fútil Marina se deixa seduzir sem dificuldade, e Luís, espezinhado, confirmado no abismo interior pela derrota, vai nutrindo impulsos de assassínio que o levam, de fato, a estrangular o rival. Após uma longa doença, causada pelo abalo nervoso, conta a própria história.

Tecnicamente, *Angústia* é o livro mais complexo de Graciliano Ramos. Senhor dos recursos de descrição, diálogo e análise, emprega-os aqui num plano que transcende completamente o Naturalismo, pois o mundo e as pessoas são uma espécie de realidade fantasmal, colorida pela disposição mórbida do narrador. A narrativa não flui, como nos romances anteriores. Constrói-se aos poucos, em fragmentos, num ritmo de vaivém entre a realidade presente, descrita com saliência naturalista, a constante evocação do passado, a fuga para o devaneio e a deformação expressionista. Daí um tempo novelístico muito mais rico e, diríamos, tríplice, pois cada fato apresenta ao menos três faces: a sua realidade objetiva, a sua referência à experiência passada, a sua deformação por uma crispada visão subjetiva. Se, por exemplo, está andando de bonde, o narrador registra em atropelo a percepção do exterior, quase delira com as agruras por que vem passando, foge na imaginação para certo período da mocidade, recua por um mecanismo associativo até a infância, volta à obsessão presente e à visão deformada da rua. Deste modo, a narrativa oscila incessantemente nos três planos, ganhando intensidade dramática e alucinatória.

A caracterização psicológica de Luís da Silva é igualmente mais complexa, levando ao extremo, como disse, certas constantes dos personagens anteriores; ele é por excelência o selvagem, o bicho, escondido na pele dum burguês medíocre.

Quando a clarividência e o senso de análise, em relação a nós e aos outros, atingem o máximo, dá-se na personalidade uma espécie de desdobramento. Passam a colidir no mesmo indivíduo um ser social, ligado à necessidade de ajustar-se a certas normas convencionais para sobreviver, e um ser profundo, revoltado contra elas, inadaptado, vendo a marca da contingência e da fragilidade em tudo e em si mesmo. Daí a incapacidade de viver normalmente e o nascimento do senso de culpa, ou autonegação.

> Tudo provém da circunstância de eu não ter estima por mim; mas quem se conhece pode lá estimar-se — ainda que seja um pouco?

Este conceito terrível é enunciado pelo narrador das *Memórias escritas num subterrâneo*, de Dostoiévski, cuja invocação ajuda a conhecer o protagonista de *Angústia*. Ambos são homens acuados, tímidos, vaidosos, hipercríticos, fascinados pela vida e incapazes de vivê-la, desenvolvendo um modo de ser de animal perseguido. Como tudo lhes parece voltado contra eles (e tudo neles parece insatisfatório, mesquinho), sentem um desejo profundo de aniquilamento, abjeção, catástrofe; uma espécie de surda aspiração à animalidade, à inconsciência dos brutos, que libertaria do mal de pensar e, ao mesmo tempo, levaria ao limite possível o sentimento de autoabjeção.

> Declaro solenemente que tentei várias vezes tornar-me um inseto, mas não fui considerado digno

— diz o mesmo personagem dostoievskiano. O processo chega ao fim no Gregor Samsa, de Kafka, que certa manhã acorda metamorfoseado numa sevandija enorme.

Luís da Silva não segue este rumo lógico, mas vive cercado de animais que simbolizam a sua natureza conturbada: cobras, ligadas a recordações infantis, a impulsos de morte e sexo oprimido; ratos, que povoam a sua casa, roem os seus manuscritos e se identificam, em certos trechos, aos movimentos mais torpes, nele e nos outros. Em tudo sentimos crescer um homem das profundezas, parente do de Dostoiévski, perseguido por um senso demasiado agudo dos "subterrâneos do espírito", mencionados nas *Memórias do cárcere*.

Avultando sempre na obra de Graciliano Ramos, a preocupação com a análise do *eu* culmina pois em *Angústia*, onde atinge, simbolicamente, a materialização do homem dilacerado — isto é, a duplicação, a formação de uma alma exterior que adquire realidade e projeta o desdobramento do ser. Sob certos aspectos, Julião Tavares, como observou Laura Austregésilo, é uma espécie de *duplo* de Luís da Silva; encarnando a metade triunfante que lhe falta, é suscitado pelo vulto que o sentimento de frustração adquire na sua consciência. É um ente de superfície, ajustado ao cotidiano, que Luís odeia e secretamente inveja; mas que vem agravar, por contraste, a sua desarticulação. Por isso é necessário matá-lo, esconjurar a projeção caricatural dos próprios desejos, que o reflete como um espelho deformante. Depois de lentamente amadurecido no espírito, o assassínio surge como ato de reequilíbrio, descrito magistralmente num dos passos mais belos da nossa prosa contemporânea, onde convergem todas as constantes da obra: devaneio, deformação subjetiva, associação de ideias trazendo o passado, visão fragmentária e nebulosa da realidade presente.

Depois de seduzir e abandonar Marina, Julião passa a novas aventuras. Uma noite, o narrador vai esperá-lo à saída de uma delas, no arrabalde.

> A escuridão esbranquiçada feita pela neblina aumentava, escuridão pegajosa em que os postes espaçados abriam clareiras de luz escassa.

Caminhando atrás do rival, Luís vai vendo a sua transfiguração na noite, deformado pelo próprio medo, pelas recordações:

> Julião Tavares flutuava para a cidade no ar denso e leitoso. Estaria longe ou perto? Aparecia vagamente nos pontos iluminados, em seguida o nevoeiro engolia-o, e eu tinha a impressão de que ele ia voar, sumir-se. Um balão colorido em noite de São João, boiando no céu escuro.

Ainda não sabe o que vai fazer, desvaria, recolhe-se às lembranças e encontra no bolso a corda que lhe dera seu Ivo, o vagabundo. A ideia das humilhações sofridas cresce nele, o sentimento da sua vida subalterna e esmagada pede uma compensação. A recordação do manso assassino José Baía volta com insistência e ele, com um salto e um gesto rápido, estrangula o rival desprevenido.

A corda enlaçou o pescoço do homem, e as minhas mãos apertadas afastaram-se. Houve uma luta rápida, um gorgolejar, uns braços a debater-se. Exatamente o que eu havia imaginado. O corpo de Julião Tavares ora tombava para a frente e ameaçava arrastar-me, ora se inclinava para trás e queria cair em cima de mim. A obsessão ia desaparecer. Tive um deslumbramento. O homenzinho da repartição e do jornal não era eu. Esta convicção afastou qualquer receio de perigo. Uma alegria enorme encheu-me. Pessoas que aparecessem ali seriam figurinhas insignificantes. Tinha-me enganado. Em trinta e cinco anos haviam-me convencido de que só me podia mexer pela vontade dos outros. Os mergulhos que meu pai me dava no Poço da Pedra, a palmatória do mestre Antônio Justino, os berros do sargento, a grosseria do chefe de revisão, a impertinência macia do diretor, tudo virou fumaça. Julião Tavares estrebuchava. Tanta empáfia, tanta lorota, tanto adjetivo besta em discurso — e estava ali, amunhecado, vencido pelo próprio peso, esmorecendo, escorregando para o chão, coberto de folhas secas, amortalhado na neblina.

Morto Julião Tavares, esconjurado o *duplo*, o narrador se reintegra no seu ser profundo e irremediável; condena-se em definitivo a permanecer com a frustração e o desespero. Mas o que não podia era continuar a luta desigual com o outro, que acabaria por expulsá-lo da vida, como a projeção de Goliádkin no romance de Dostoiévski (*O duplo*).

Esta passagem de um realismo nutrido pelo senso objetivo do mundo exterior para um realismo trágico, que sobrepõe os problemas do *eu* à própria integridade do mundo, deformando-o, é característica de Graciliano Ramos, e faz da sua obra uma caminhada sob certos aspectos inversa, por exemplo, à de um José Lins do Rego.

Isto se manifesta em vários aspectos da sua escrita, como, para citar um caso, a técnica seletiva, a composição por meio de fragmentos. João Valério constrói os caetés, um pouco humoristicamente, com pedaços de conhecidos; Paulo Honório explica que o seu método consiste em extrair o sumo dos acontecimentos e pôr fora o acessório, como bagaço; mais tarde, em *Vidas secas*, a visão se elabora por meio de uma justaposição de ângulos parciais, enquanto *Infância* acompanhará a natureza episódica da memória infantil. Mas em *Angústia* estes processos culminam, dando uma visão quebrada — um mundo reconstituído com fragmentos de lembranças, englobados arbitrariamente no devaneio, graças à percepção falha e incompleta. Resulta uma realidade deformada, nebulosa, tremendamente subjetiva, projetando um *eu* em crise permanente. Luís da Silva guarda dos acontecimentos certos pormenores neuroticamente fixados, geralmente os que permitem uma interpretação deprimente ou brutal, assim como guarda das cenas de rua pedaços descosidos e incompletos. Quando caminha, bate nos outros e não percebe os obstáculos, que lhe chegam à percepção em partes destacadas do todo: um olho, uma perna, uma pedra. As pessoas são vistas segundo a cor da sua própria alma — tatuadas de maneira selvagem pelas letras brancas de um espelho de café, esganadas pela imaginação, bestializadas por suspeitas delirantes. E para culminar este banho de introjeção, o autor recorre aqui, pela primeira vez na sua obra, a certos dissolventes das formas nítidas: escuridão, névoa, sons percebidos através de um anteparo, círculo estreito em volta das lâmpadas. Na narrativa — idas e vindas, desvios, coleção de fragmentos.

Sentimos que a sua firmeza é devida em parte à experiência prévia do mundo objetivamente descrito. A deformação de tonalidade expressionista a que chega em *Angústia*, no limite da sua pesquisa da personalidade, tem como base um conhecimento seguro da realidade normalmente percebida e das técnicas destinadas a exprimi-la. Só quem havia ordenado as confissões de João Valério e Paulo Honório seria capaz de desaçaimar o "homem subterrâneo" de *Angústia*, com essa infinita capacidade de experimentar, própria da literatura.

5.

A partir deste livro, a sua investigação literária se bifurca. O lastro de observação do mundo, segundo a narrativa direta, vai decantar-se (num alto nível de depuração) em *Vidas secas*, sem falar nos contos reunidos em *Insônia*, acessórios na sua obra. A preocupação com os problemas da análise interior se transfere para a autobiografia, primeiro em tonalidade fictícia, depois em depoimento direto. Graciliano não se repetia tecnicamente; para ele uma experiência literária efetuada era uma experiência humana superada.

> Aurélio Buarque de Holanda chamou-me a atenção para a circunstância de representar cada uma das obras de Graciliano Ramos um tipo diferente de romance [...]. Graciliano Ramos faz experimentos com a sua arte; e como o "mestre singular" não precisa disso, temos aí um indício certo de que está buscando a solução de um problema vital.[1]

Daí a variedade da sua obra, relativamente parca, e o esgotamento de filões que o levou a passar da invenção ao testemunho.

Vidas secas é o único dos seus romances escrito na terceira pessoa, e isto, não fossem outros motivos, bastaria para aguçar o nosso interesse. É também o único inteiramente voltado para o drama social e geográfico da sua região, que nele encontra a expressão mais alta.

---

[1] Otto Maria Carpeaux, "Visão de Graciliano Ramos", em *Origens e fins*. Rio de Janeiro: CEB, 1943, p. 341.

É a história de uma família de pobres vaqueiros, que chegam a uma fazenda abandonada, ali vivem servindo o dono ausente durante um período de bonança, entre os incidentes de todo dia e os problemas pessoais de cada um. Sobrevém a seca, esgotam-se as possibilidades, o pequeno grupo retoma a peregrinação, acossado pela miséria, mas animado por uma esperança vaga e sempre renovada.

Como nos outros livros, é perfeita a adequação da técnica literária à realidade expressa. Fabiano, sua mulher, seus filhos rodam num âmbito exíguo, sem saída nem variedade. Daí a construção por fragmentos, quadros quase destacados, onde os fatos se arranjam sem se integrarem uns com os outros aparentemente, sugerindo um mundo que não se compreende e se capta apenas por manifestações isoladas. Os seus capítulos foram escritos e publicados inicialmente como episódios separados, à maneira do que se daria também com *Infância*. Ao reuni-los, o autor não quis amaciar a sua articulação, mostrando que a concepção geral obedecia de fato àquela visão tateante do rústico.

Em lugar de contentar-se com o estudo do homem, Graciliano Ramos o relaciona aqui intimamente ao da paisagem, estabelecendo entre ambos um vínculo poderoso, que é a própria lei da vida naquela região. Mas conserva, sob a objetividade da terceira pessoa, o filete da escavação interior. Cada um desses desgraçados, na atrofia da sua rusticidade, se perscruta, se apalpa, tenta compreender, ajustando o mundo à sua visão — de homem, de mulher, de menino, até de bicho, pois a cachorra Baleia, já famosa em nossa literatura, também tem os seus problemas, e vale sutilmente como vínculo entre a inconsciência da natureza e a frouxa consciência das pessoas.

Publicado este livro, Graciliano Ramos deixou quase por completo a ficção. Nos quinze anos que lhe restavam para viver, optou pelo material da memória, evocando a infância, redigindo as recordações da prisão, que sofreu de 1936 a 1937. Embora tenham em comum o caráter autobiográfico, são obras bastante diversas. *Infância*, como foi dito, conserva a tonalidade ficcional e é composto segundo um revestimento poético da realidade, que despersonaliza dalgum modo o depoimento e o mergulha na fluidez da evocação.

Um dos seus aspectos mais belos é a progressiva descoberta do mundo — das pessoas, das coisas, do bem e do mal, da liberdade peada e da tirania da convenção, às quais se choca, ou se adapta, a tenra haste da meninice.

> Mergulhei numa comprida manhã de inverno. O açude apojado, a roça verde, amarela e vermelha, os caminhos estreitos mudados em riachos, ficaram-me na alma. Depois veio a seca. Árvores pelaram-se, bichos morreram, o sol cresceu, bebeu as águas, e ventos mornos espalharam na terra queimada uma poeira cinzenta. Olhando-me por dentro, percebo com desgosto a segunda paisagem. Devastação, calcinação. Nesta vida lenta sinto-me coagido entre duas situações contraditórias — uma longa noite, um dia imenso e enervante, favorável à modorra. Frio e calor, trevas densas e claridades ofuscantes.

Dessa nebulosa, a idade vai tirando os seres e a experiência do mundo. Um mundo decepcionante, confuso, em que o menino não entende bem as coisas. O pobre mendigo Venta-Romba, manso e inofensivo, é preso porque a mãe do narrador se assustou e seu pai não pode voltar atrás. As noções na escola parecem inúteis e vêm impostas. A doutrina oficial surge no pedantismo de uma formiga faladeira e bem-pensante, glosada pela solenidade do livro didático. E a prática da vida vai se articulando como um tateio improfícuo, mortificante, refletido no estilo de uma beleza admirável, que envolve as formas nítidas na névoa evocativa.

Memórias do cárcere, a que o autor consagrou toda a fase final da vida e só veio à luz depois da sua morte, é depoimento, relato que se esforça por ser direto e desataviado, testemunho sobre o mundo da prisão, visto do ângulo da sua experiência pessoal. Abandonadas as vias da criação fictícia, Graciliano Ramos se concentra no documento, mas guarda os traços fundamentais da sua arte narrativa e da sua visão do mundo. O livro é desigual. A longa elaboração foi possivelmente entrecortada de escrúpulos, vincada pelo esforço de objetividade e imparcialidade, em conflito com a ânsia subjetiva de confissão, ressecando nalguns pontos, e sob certos aspectos, a sua veia artística. O diálogo, antes tão perfeito entre os personagens fictícios, é insatisfatório, por vezes constrangido, entre os personagens reais, e às vezes parece faltar discernimento para manipular episódios e cenas. Finalmente, a sua estética de poupança foi talvez um pouco longe, sacrificando não raro (por exemplo) a fluência e o equilíbrio, na caça aos relativos, numerais, possessivos e determinativos — juntas perigosas, que podem emperrar e empastar as frases, mas que são, doutro lado, recursos de clareza e naturalidade.

Permanece todavia intacta a visão do conjunto — a capacidade tão dele de criar uma atmosfera que marca e dá sentido específico aos atos e sentimentos das pessoas, fazendo dos seus livros universos poderosamente diferenciados, onde mergulhamos com fascinado abandono.

Permanecem, igualmente, os trechos de alta qualidade literária. E aqui, mais do que em qualquer outro livro, predomina o esforço constante para exprimir uma verdade essencial, manifestar o real com um máximo de expressividade, que corresponda simultaneamente à visão justa. Tratando-se do relato de acontecimentos, sem transposição fictícia, esta qualidade alcança o apogeu e chega a um significado de eminência moral, como se pode ver pelo esforço registrado no capítulo inicial do livro, onde a verdade aparece despida de qualquer demagogia, preconceito ou autovalorização. Isto, num homem de temperamento forte, vivendo de sentimentos e paixões, adepto de uma ideologia política absorvente, não raro deformadora da realidade na dura coerência da sua tática.

Em relação ao sistema formado pelas suas obras, *Memórias do cárcere* constitui um outro tipo de experiência, favorável à sondagem do homem. Foi como se, revistas certas possibilidades de experimentar ficticiamente, Graciliano houvesse obtido a possibilidade de experimentar de fato, à custa da integridade física e espiritual, dele e dos outros. A prisão atirou-o nessa franja de inferno que cerca a nossa vida de homens integrados numa rotina socialmente aceita; franja que em geral só conhecemos por lampejos, e da qual nos afastamos, procurando ignorá-la, a fim de pacificar a nossa parcela de culpa. Que é permanente inferno de outros, dos seres condenados à anomia moral, ao crime, à prostituição, à fome — e dos que delegamos para contê-los, para se contaminarem na mesma chama que os devora e de que tentamos nos preservar.

Parcela desse halo negativo, a prisão preocupa e fascina a literatura moderna, desde os mestres do romance no século passado. Atenuada em Dickens, terrível em Victor Hugo e Balzac, monstruosa em Dostoiévski. Para o romancista é uma espécie de laboratório, donde surgem as soluções mais inesperadas e contraditórias. Se de um lado piora as relações humanas, ela as refaz ao seu modo, e neste processo, fazendo descer ao máximo a humanidade do homem, pode extrair do báratro novas leis de pureza e lealdade. É como se houvesse em nós um joão-teimoso que precisa a qualquer preço, e em meio à degradação mais profunda, estabelecer algumas leis de conduta para poder, através delas, afirmar aspirações de limpeza.

Nessa escola de humanidade (arrisquemos a locução banal) ingressou Graciliano Ramos para certas experiências de aviltamento, que vão desde o parasitismo dos percevejos até a dissolução da integridade moral por efeito do medo, do desespero, do envenenamento das relações, passando pela promiscuidade nos porões de navio, salas comuns, carros de presos, sem falar na tortura física e em formas repulsivas de perversão, que presenciou ou pressentiu.

O fato de ter consagrado os últimos anos da vida a relatar uma experiência dessas prende-se, evidentemente, ao desejo de testemunhar, e é consequência lógica da marcha da sua arte, cada vez mais atraída pelo polo da confissão. Mas é necessário juntar uma terceira componente, para avaliar o significado pleno deste esforço e, sobretudo, a sua integração numa certa ordem de pesquisa profunda do homem, que o presente ensaio procura focalizar. Ele aparece como testemunho sobre uma realidade que complementou a visão do mundo, aprofundada desde a intuição dos caetés recônditos e culminada em *Angústia*. É a consequência duma concepção de homem encurralado, animalizado agora pelo "universo concentracionário" que se abateu tragicamente sobre o nosso tempo — não como exceção fortuita, segundo pensaria o liberalismo do tempo em que abrir escolas dava a esperança de fechar prisões, mas como dimensão própria do século dos totalitarismos. Acompanhando a intuição psicológica, os acontecimentos fizeram Graciliano Ramos passar do mundo como prisão à prisão enquanto mundo.

Mas (é curioso) ao passo que fora das grades, no espaço aberto, a vida se amesquinhava e aparecia, refratada na ficção, como teia de capitulações e desajustes sem saída, aqui, no exíguo universo em que o amontoam como bicho, o homem preso pode se humanizar estranhamente. Aumenta a capacidade de compreender e perdoar; da atrofia dos padrões convencionais podem surgir outros, mais lídimos; decanta-se o genuíno do falso, e dos brutos esmagados chega a filtrar por vezes uma límpida componente humana. A experiência do pior permite, assim, discernir o melhor; e, paradoxalmente, o sujo viveiro do cárcere propicia, na obra desse pessimista, lampejos de confiança na vida

> [...] que é santa,
> Pesar de todas as quedas.

— como diz o verso de Manuel Bandeira, e como teria sentido porventura Graciliano Ramos, todas as vezes em que não apenas analisou-a, mas aceitou a íntegra impureza da sua força de luz e treva.

No aparecimento de *Caetés*

Quando *Caetés* foi publicado, havia em Maceió um grupo intelectual que funcionou como público restrito de alta qualidade, cujo papel foi não apenas receber o livro, mas manifestar o seu juízo sobre ele. Eram (não contando Jorge de Lima, que acabava de mudar-se para o Rio) Graciliano Ramos, José Lins do Rego, Rachel de Queiroz, Aurélio Buarque de Holanda, Valdemar Cavalcanti, Alberto Passos Guimarães, Raul Lima e diversos outros, sem esquecer o artista Tomás Santa Rosa, que foi também poeta.

Não sei se este conjunto de autores já foi estudado de maneira sistemática. Se não foi, deveria ser, porque representa um fato importante de sociabilidade literária, considerada como estímulo à produção e à formação de juízos críticos — o que significa que pode ter influído na própria natureza do discurso que se elaborava ou se projetava a partir de Maceió.

O meu intuito é mostrar como esse grupo restrito e altamente qualificado leu *Caetés* e comunicou a sua leitura ao país, por intermédio do Rio de Janeiro, que era então a nossa metrópole cultural, artística e literária, onde se aferiam as reputações. Para este fim tomarei apenas três exemplos, que me parecem significativos: a leitura gráfica de Santa Rosa e as leituras críticas de Valdemar Cavalcanti e Aurélio Buarque de Holanda.

Comecemos pelo corpo físico do livro, pelo aspecto da edição original, que os da minha idade leram quando ele apareceu

caheles

romance

Graciliano Ramos

SCHMIDT

faz meio século. Na capa de Santa Rosa, por baixo das letras do título, o desenho (no qual predomina uma tonalidade ocre) traduz visualmente os três pontos de apoio da narrativa: João Valério escrevendo no canto inferior esquerdo, obsedado pela representação dos índios caetés (seu tema literário) e de Luísa (seu tema vital). Neste espaço, dividido em dois níveis, o artista registrou o movimento do romance, no qual o narrador João Valério luta em vão para contar no nível da fantasia a história dos índios, enquanto sem querer vai construindo, no nível da realidade, o relato do que era a sua experiência de vida. O romance vivido engole o romance projetado; e os índios ficam apenas como símbolo que o final do livro revela, quando o narrador sente, e nos faz sentir, que eles estão dentro de cada um, porque são o limite selvagem de todos.

Pela maneira de tratar o espaço e as figuras, o desenho de Santa Rosa abre portanto a possibilidade de uma leitura ambígua, inclusive porque os caetés, que pairam no nível superior sobre a figura de João Valério, poderiam ser também a projeção desta componente selvagem da sua alma; como Luísa, à direita e no mesmo nível que ele, seria a projeção do seu desejo de escrita, antes de ser o alvo particular do seu afeto.

Assim, podemos considerar este desenho como "leitura", na medida em que sugere, não apenas o enredo, mas as ambiguidades do texto, vinculadas à ironia criadora de Graciliano Ramos, ironia que está na estrutura e é um dos maiores encantos do livro. Com efeito, o narrador lamenta a própria incapacidade de escrever o romance sobre os índios e parece construir um vazio, que é a ausência do discurso planejado; mas simultaneamente, como sem querer, vai escrevendo algo mais importante: a história da sua experiência amorosa no quadro da pequena cidade. O seu fracasso é, portanto, o seu triunfo; o vácuo aparente é uma plenitude — e nesta ambiguidade está a ironia que a capa sugere: enquanto os caetés se esvaem no nível do irreal, Luísa penetra surdamente no espaço do narrador, dando ao sonho uma carne cheia de realidade.

Com isto, vemos que dentro do "grupo de Maceió" surgiu um artista que, por meio do desenho, exprimiu um modo de ler *Caetés*, denotando o enredo e sugerindo a estrutura de ambiguidades.

Passemos agora à crítica literária, focalizando uma nota de Valdemar Cavalcanti e um artigo de Aurélio Buarque de Holanda, ambos publicados no *Boletim de Ariel*, excelente revista mensal do Rio de Janeiro, que entre 1931 e 1938 exerceu notável atividade crítica e informativa.

Procurarei mostrar como esses então jovens críticos alagoanos souberam indicar desde logo, em *Caetés*, alguns traços que a crítica posterior desenvolveu e confirmou. Em segundo plano, desejo assinalar também o fato, importante para a história literária, de um autor, vinculado a um grupo intelectual numa determinada cidade, produzir um livro que o grupo é capaz de avaliar imediatamente nos devidos termos, compreendendo o seu significado e distinguindo aspectos que se tornariam, por assim dizer, canônicos no desenvolvimento da crítica posterior. A importância do que fizeram é fácil de provar, pois à medida que eu for analisando os dois artigos, os leitores irão certamente dizendo consigo coisas como — "mas é óbvio", "isto é o que toda gente diz", "foi assim mesmo que eu sempre pensei"... A diferença é que, naquele momento, há cinquenta anos, os dois mencionados críticos disseram, antes de qualquer outro, coisas que todos nós passamos a repetir ou a encontrar por conta própria; eles tiveram a capacidade de sentir imediatamente alguns traços fundamentais, que se impuseram em seguida a todos como constitutivos do texto. Para entender bem o que escreveram, é preciso fazer dos seus artigos uma "leitura de época", isto é, levar em conta as concepções críticas predominantes; e não exigir a presença de pontos de vista desenvolvidos mais tarde.

O escrito de Valdemar Cavalcanti, intitulado "O romance *Caetés*", é uma nota curta, de mais ou menos lauda e meia, publicada no *Boletim de Ariel*, ano III, n. 3, dezembro de 1933, provavelmente com o intuito de chamar a atenção dos leitores no momento da publicação do livro, que aliás ele já tinha lido fazia três anos, como declara, e relera então com mais maturidade.

Naquele tempo os espíritos se orientavam, em grande parte, pelo aspecto documentário da ficção, porque era grande o desejo de desmascarar e criticar as injustiças sociais e de conhecer a realidade oculta do Brasil. Por isso, o que hoje se tornou secundário ou mesmo derrogatório para muitos críticos era então marca de excelência, e Valdemar Cavalcanti começa por reconhecê-la em *Caetés* — mas com um matiz especial, e muito justamente observado:

> Sente-se no *Caetés* a força íntima do documento humano; ele é uma luminosa fotografia da multidão, realizada por um que acredita naquela realidade histórica dos acontecimentos, tão dentro dos grandes romances, de que Duhamel falou num recente ensaio.

Apesar da comparação com a fotografia, não se trata para o crítico de documento puro e simples, pois a tônica do trecho recai sobre o conceito de "força íntima". Valdemar Cavalcanti chama a atenção para o que está dentro da aparência documentária, e vem a ser o que denomina adiante, mais especificadamente, "força de humanidade". O realismo de Graciliano Ramos é exato na sugestão da vida e dos fatos; mas a sua capacidade de ser verdadeiro e convincente decorre da dimensão estética, caracterizada como a "rara condensação" da escrita, ou a "densidade do descritivo". Portanto, trata-se de uma fotografia extremamente seletiva e transfiguradora, que se resolve na capacidade de representar os aspectos significativos que constituem a "força íntima" dos fatos, isto é, os aspectos que funcionam porque se tornaram material artisticamente estilizado.

Com efeito, Valdemar Cavalcanti alude a seguir a um segundo traço, a "segurança de sua fatura", sugerindo que o efeito de realidade decorre desta, não do ânimo fotográfico contido na imagem inicial. Em Graciliano Ramos, esta fatura se caracteriza pela simplicidade, a disciplina e a "secura da fala"; e a propósito, o crítico produz uma boa fórmula:

> Escritor mais próximo da aridez que da fartura, mais amigo da pobreza que da riqueza verbal.

Desta maneira identifica um dos traços mais constantemente lembrados pelos críticos posteriores, que ele associa com grande penetração ao tema da aridez, fundamental para a crítica contemporânea, na medida em que exprime o limite onde a palavra se destrói, sendo ao mesmo tempo o desafio que ela procura enfrentar, instaurando-se como presença. A esterilidade como acicate e como perigo é tema obsessivo em muitas reflexões modernas sobre a natureza do discurso literário, e evocada a respeito de Graciliano Ramos equivale a um parâmetro para analisar a sua tendência angustiada para o silêncio.

Prosseguindo, Valdemar Cavalcanti desdobra o conceito em duas imagens contrastantes: "a sua magrém de ossos de fora", oposta à verificação de que "banha não é sinal de saúde".

Feita a identificação do escritor, com uma parcimônia que parece espelhar a do texto analisado, Valdemar Cavalcanti passa a uma verificação que se tornou lugar-comum, dizendo que "Eça deixou nele marcas profundas", de muitas qualidades e alguns defeitos, mas sem interferir na "expressão pessoal do narrador", pois sua escrita "não é resto de banquete de Eça de Queirós: é cozinha especial, é comida de primeira mesa".

Há pouco vimos o crítico falar em "luminosa fotografia de multidão". Esta última palavra é imprópria, pois talvez quisesse aludir a "grupo" ou "sociedade", com referência ao panorama social da cidade pequena, magistralmente descrito no romance, onde "multidão" mesmo só aparece de raspão nas alusões a festas populares e procissões. Mais longe, diz que a primeira leitura, feita em 1930, lhe dera a impressão de que o livro era uma caricatura, mas específica: "caricatura de massa"; enquanto a leitura de 1933 lhe mostrou que a impressão fora precipitada, pois não há deformação caricatural, e sim "alguma coisa de grande, de real, de densamente humano". E a nota termina com senso de simetria, ao retomar a afirmação do início:

> O que nos impressiona no romance de Graciliano Ramos é a sua força de humanidade [...].

Na verdade, a impressão de 1930 também era válida, pois há em *Caetés* uma estilização caricatural de grande eficácia, que tende a arrebanhar os figurantes num grupo, movimentado com habilidade, embora, como ressalta o crítico depois da leitura de 1933, cada personagem tenha uma força individual que o destaca, mesmo quando humanamente medíocre ou dissolvido na coletividade.

No número 5 do mesmo volume, em fevereiro de 1934, Aurélio Buarque de Holanda publicou um artigo mais longo e ambicioso, cuja diretriz metodológica, bastante definida, se baseia num tipo de reflexão antitética, por meio da qual examina o verso e o reverso das características do livro. Deixando de lado a mera apreciação conclusiva, estabelece um jogo de contrários que enriquece o seu ponto de vista, mostrando a acuidade que a seguir faria dele um mestre da análise estilística, como se verificaria, por exemplo, nos estudos de seu livro *Território lírico*.

O primeiro traço que assinala é a "concisão", a cujo lado positivo se opõe um lado negativo, expresso na falta de entusiasmo, na falta de "vibração que arrasta o leitor para dentro da obra". Daí uma primeira imagem crítica interessante:

> Escreve quase como quem passa telegrama, pagando caro por cada palavra.

Com severidade que deriva da sua escolha metodológica, Aurélio Buarque de Holanda manifesta preferência pelas escritas mais redondas e abundantes; e assinala que Graciliano Ramos,

> compreendendo que a reta é a menor distância entre dois pontos, raramente deixa levar-se pela sedução das curvas, não querendo ver que na arte o ideal não é procurar os caminhos mais curtos, mas sim os caminhos mais belos.

Em contraposição, prefere um estilo de "linhas mistas", isto é, que combine retas e curvas, ou seja, fique a meio caminho da secura e do derramamento.

Outra qualidade, segundo ele, é a maestria técnica com que sabe construir o romance, e devido à qual tudo em *Caetés* é bem calculado. Mas fiel à sua posição crítica, lembra que daí decorre também certa frieza e monotonia. Na firmeza de mão do narrador ele vê, por vezes, sinais do que chama "o tédio do perfeito", e acha que para ser um grande romance faltam a *Caetés* certos "admiráveis defeitos". É curioso que o crítico parece meio incomodado pela segurança parcimoniosa do livro, manifestando em consequência certa nostalgia da irregularidade seivosa de tantos outros escritores nossos.

A seguir sublinha a capacidade de Graciliano Ramos criar tipos humanos, manifestada entre outras coisas por um excelente diálogo. E ainda aí procura o aspecto negativo, achando que abusa deste recurso e deixa os personagens falarem demais, enquanto ele próprio fala de menos. Abordando adiante outra oposição, lembra que a secura e aparente frieza do autor em face da narrativa e dos personagens são contrabalançadas positivamente pela emoção que se desprende de vários dentre eles.

Uma última oposição é verificada pelo crítico a propósito do predomínio constante da inteligência sobre a sensibilidade, que lhe parece redundar em falta de alegria e de expansividade, além de levar o autor a se situar muito acima dos personagens; mas isto é compensado por vários momentos em que a sensibilidade avulta e faz o texto vibrar.

A partir daí Aurélio Buarque de Holanda constata em *Caetés* uma opção franca pelos simples e ignorantes, a que corresponde a rejeição dos "sabidos", os cultos; salvo no tocante a Luísa, que embora requintada é favorecida pela visão do autor, enquanto o narrador-protagonista, João Valério, não passa de um medíocre sem relevo, tomado por duas obsessões: os índios sobre os quais quer escrever um romance, e Luísa, que desperta nele uma paixão violenta, mas sem grandeza. (A essa altura sentimos como a visão implacável de Graciliano Ramos desnorteava um pouco os seus primeiros leitores, que tergiversavam ante a força com que desvendava neste livro a banalidade trágica das vidas medianas.)

O artigo termina por aproximações literárias já iniciadas na nota de Valdemar Cavalcanti. Assim, registra e especifica a presença de Eça de Queirós, mostrando concretamente a ocorrência de pelo menos um torneio estilístico tomado de empréstimo; e acrescenta a de Machado de Assis, à qual credita dois traços: a secura do estilo e o tratamento da natureza.

Com argúcia e boas imagens críticas, diz que em *Caetés* a natureza se encontra "amarrada de corda", não obstante ser Graciliano Ramos um "paisagista seguro", pois no seu texto a paisagem entra como "coisa necessária", vinculada funcionalmente à ação.

Além do motivo metodológico já mencionado, isto é, o jogo esclarecedor das oposições, a severidade do artigo deve ser devida também a um intuito ético, aliás, quase declarado: o combate ao elogio fácil e enfático, dispensado pela crítica de maneira nem sempre discriminada, o que oblitera a escala de valores. Talvez Aurélio Buarque de Holanda se esforçasse com integridade para não transformar em panelinha de elogio mútuo o grupo a que todos pertenciam; daí querer mostrar o lado negativo, mas não derrogatório, das qualidades que reconhece. Por isso, prefere inclusive dizer que o livro é bom, mas não um grande romance, como quem não quer baratear o juízo. Mas ainda há outro motivo possível, que surge nas linhas finais, e este é de cunho estratégico: o próximo aparecimento de um romance muito mais forte de Graciliano Ramos, *São Bernardo*, que ele anuncia, abrindo, então, as comportas do entusiasmo:

> Os defeitos apontados em *Caetés* — insignificantes na sua maioria — não chegam a obscurecer, antes põem em destaque, o que o romance tem de realmente belo. Com ele o sr. Graciliano Ramos pode, sem favor, formar na fileira dos melhores romancistas do Brasil. E dentro de poucos meses — anuncio-o com o maior prazer aos leitores do *Boletim* — a publicação de *São Bernardo*, que já conheço, revelará ao país um dos seus grandes, dos seus maiores romancistas de todos os tempos.

À luz destas linhas finais o artigo revela a sua dimensão real, pois é como se o crítico dissesse: este é muito bom, sem sombra de dúvida, mas tem defeitos e não alcança a grandeza; no entanto, o romancista é grande, como se verá em *São Bernardo*, esta sim uma obra de absoluto primeiro plano, onde os traços estudados no artigo aparecerão sob o seu aspecto plenamente positivo, livre das amarras de uma estreia. E isto constitui uma implícita oposição metodológica final, que de certo modo sobrevoa as outras e anima o artigo: a oposição que o crítico estabelece, para contrastá-los, entre os dois primeiros romances de Graciliano Ramos.

Assim, os dois jovens críticos de Maceió ofereciam ao Brasil leituras reveladoras e quase sempre corretas de *Caetés*; leituras cujas qualidades fui assinalando à medida que as expunha. A favor deles é preciso ainda notar que souberam caracterizar Graciliano Ramos com base apenas no seu primeiro livro, que lhes bastou para perceber não só a força rara do narrador, mas muitas das suas características, que seriam desenvolvidas e confirmadas nos livros seguintes. Aurélio Buarque de Holanda manifesta conhecimento também do inédito *São Bernardo*, e antes de qualquer manifestação crítica de terceiro avaliou com o devido calor a sua grandeza, que deve ter sido o primeiro a proclamar. Portanto, louvemos os dois moços, que mais tarde se projetariam como autoridades reconhecidas sobre o país e já naquela altura demonstraram a capacidade de identificar um supremo narrador.

Cinquenta anos de *Vidas secas*

Numa observação fundamental registrada por Otto Maria Carpeaux em *Origens e fins* (1943), vimos num ensaio anterior que, para Aurélio Buarque de Holanda,

> cada uma das obras de Graciliano Ramos [é] um tipo diferente de romance.

Esta característica o separa de outros romancistas do seu tempo, sobretudo os "nordestinos", a cujo grupo pertence. De fato, é notório que, por exemplo, a parte mais importante da obra de José Lins do Rego consiste na retomada dos mesmos temas, no mesmo ambiente, e que há muito disso na de Jorge Amado. Mas Graciliano queimava meticulosamente cada etapa, no sentido quase próprio de quem destrói a forma para recomeçar adiante. Tanto assim que depois de dizer o que queria em quatro romances, que são outras tantas experiências sucessivas, deixou o gênero de lado e passou para a autobiografia.

Esse medo de encher linguiça é um dos motivos da sua eminência, de escritor que só dizia o essencial e, quanto ao resto, preferia o silêncio. O silêncio devia ser para ele uma espécie de obsessão, tanto assim que, quando corrigia ou retocava os seus textos, nunca aumentava, só cortava, cortava sempre, numa espécie de fascinação abissal pelo nada — o nada do qual extraíra a sua matéria, isto é, as palavras que inventam as coisas, e ao qual parecia querer voltar nessa correção-destruição de quem nunca estava satisfeito. ("Seria capaz de eliminar páginas inteiras, eliminar os seus romances, eliminar o próprio mundo", diz Carpeaux.) Entre o nada primordial anterior ao texto, e o risco de acabar em nada devido à insatisfação posterior, se equilibra a sua obra essencial, uma das poucas em nossa literatura que parece melhor com a passagem do tempo, porque mais válida à medida que a lemos de novo. "É um clássico", diz Carpeaux com razão, pois de fato Graciliano Ramos é o grande clássico da nossa narrativa contemporânea, cheia de neorromânticos e neobarrocos.

Olhando no conjunto os seus quatro romances, sentimos que, se cada um deles representa uma experiência nova, *Vidas secas* talvez seja o mais diferente. É o único escrito na terceira pessoa e o único a não ser organizado em torno de um protagonista absorvente, como João Valério em *Caetés*, Paulo Honório em *São Bernardo*, Luís da Silva em *Angústia*. É também o único cuja composição não é contínua, mas feita de pedaços que poderiam ser lidos isoladamente. Muitos deles foram publicados antes como peças autônomas, e talvez a ideia inicial não tenha sido a de um "romance". No entanto, é perfeita a unidade do todo, como a d'*O amanuense Belmiro*, de Cyro dos Anjos, que surgiu a partir de crônicas publicadas em jornal.

Quando *Vidas secas* apareceu, há cinquenta anos, ninguém supunha estar lendo o último romance do autor, já então considerado um mestre supremo, sem dúvida alguma. Mas muitos refletiram sobre as originalidades do livro. Lúcia Miguel Pereira, por exemplo, perguntava numa resenha do *Boletim de Ariel*, em maio de 1938:

> Será um romance? É antes uma série de quadros, de gravuras em madeira, talhadas com precisão e firmeza.

Esta imagem é adequada à perspectiva da ensaísta, que graças a ela nega o caráter fotográfico, isto é, de documentário realista (então na moda), mostrando a força de Graciliano ao construir um discurso poderoso a partir de personagens quase incapazes de falar, devido à rusticidade extrema, para os quais o narrador elabora uma linguagem virtual a partir do silêncio. Como diz Lúcia, trata-se de "romance mudo como um filme de Carlitos". Esta nova imagem aprofunda a visão crítica sobre o livro, assinalando a força criadora de um estilo parcimonioso que parece estar no limite da expressão possível — em contraste com a caudalosa falação de tantos romances daquela hora. Do mesmo modo, pouco antes, em *Tempos modernos*, Chaplin tentara manter a força da imagem silenciosa em meio à orgia de sonoridade do cinema falado.

Na mesma nota, Lúcia observa com razão que Graciliano Ramos conseguiu em *Vidas secas* ressaltar a humanidade dos que estão nos níveis sociais e culturais mais humildes, mostrando a

condição humana intangível e presente na criatura mais embrutecida. Saber descobrir essa riqueza escondida, pôr a nu esse filão, é afinal a grande tarefa do romancista. Dostoiévski não fez outra coisa. Mauriac o tenta em nossos dias.

Realizando-a, Graciliano deu voz aos que não sabem "analisar os próprios sentimentos"; e mostrou, ao fazer isso, que "ao mesmo tempo se impõe uma limitação e põe à prova a sua técnica". Para Lúcia, de fato,

ser-lhe-ia infinitamente mais fácil descobrir a complexidade em criaturas proustianas do que nos meninos de Sinhá Vitória, a que nem nome dá.

Por isso, o livro não se enquadrava nas categorias em moda no tempo:

> *Vidas secas* não deve ser julgado como "romance nordestino" ou "romance proletário", expressões que não têm sentido, mas como um romance onde palpita a vida — a vida que é a mesma em todas as classes e todos os climas.

Nesta nota curta de uma ensaísta de excepcional talento, estão presentes alguns elementos essenciais para compreender *Vidas secas*: o problema da classificação de uma narrativa que o autor qualificou de "romance", apesar de ser muito breve, equivalendo talvez a cem páginas datilografadas a trinta linhas; a sua estrutura descontínua; a força com que transcende o realismo descritivo, para desvendar o universo mental de criaturas cujo silêncio ou inabilidade verbal leva o narrador a inventar para elas um expressivo universo interior, por meio do discurso indireto; a superação do regionalismo e da literatura empenhada, devida a uma capacidade de generalização que engloba e transcende estas dimensões e, explorando-as mais fundo do que os seus contemporâneos, consegue exprimir a "vida em potencial". Deste modo, Lúcia Miguel Pereira destacou os traços que ainda hoje fazem pensar criticamente o livro, indicando-os com a discreta segurança que sabia cultivar tão bem.

Para continuar falando de resenhas esquecidas, lembro a de Almir de Andrade no primeiro número da *Revista do Brasil*, 3ª fase, em julho de 1938. É menos penetrante do que a anterior, mas diz duas coisas de interesse.

Primeira:

> Enquanto José Lins do Rego traduz os problemas sociais do Nordeste em grandes quadros, em visões de conjunto que surpreendem,

Graciliano Ramos nos descreve esses problemas através dos efeitos que produzem nos pequenos ambientes e na própria intimidade do homem. Em *Vidas secas* não vemos a sociedade do alto, nos seus planos e nas suas linhas de movimento coletivo, mas a surpreendemos na repercussão profunda dos seus problemas, através de vidas humanas que vão passando, a braços com a miséria, perseguidas por opressões e sofrimentos.

Num trecho como este estamos no universo mais comum das verificações críticas daquele momento, quando ainda despertava grande interesse a força de desvendamento social que o romance ia operando no Brasil, num processo que hoje pode parecer secundário, porque já desempenhou o papel que devia desempenhar; mas que então equivalia a uma revelação transfigurada do país, pondo as suas partes em contato vivo, através da narrativa ficcional. Almir de Andrade distingue, no caso, as abordagens mais abrangentes daquelas que esquadrinham, porque a sua "grande arma [...] é o escalpelo".

A segunda observação interessante dessa resenha é que *Vidas secas* se distingue de *Angústia* porque não tem a sua "importância nem estrutura orgânica"; mas apesar disso "não deixa de ter o seu valor". E aqui temos um exemplo da crítica mais conservadora, inclusive porque ligada às formas habituais de análise psicológica na ficção. Almir de Andrade põe visivelmente *Angústia* muito acima de *Vidas secas*, porque tem "estrutura orgânica", ou seja, no caso, contínua e fluida. E também porque procede a uma introspecção analítica mais canônica. Já Lúcia Miguel Pereira percebeu melhor a legitimidade e a força inovadora da forma descontínua, percebendo também que Graciliano Ramos fazia alguma coisa mais original e mais difícil, ao mostrar paradoxalmente a riqueza interior das vidas culturalmente pobres.

Nesse sentido, lembro que a presença da cachorra Baleia institui um parâmetro novo e quebra a hierarquia mental (digamos assim), pois permite ao narrador inventar a interioridade do animal, próxima à da criança rústica, próxima por sua vez à do adulto esmagado e sem horizonte. O resultado é uma criação em sentido pleno, como se o narrador fosse, não um intérprete mimético, mas alguém que institui a humanidade de seres que a sociedade põe à margem, empurrando-os para as fronteiras da animalidade. Aqui, a animalidade reage e penetra pelo universo reservado, em geral, ao adulto civilizado. Sem querer dizer que uma coisa é igual à outra, poder-se-ia considerar a invenção de Baleia tão importante ao seu modo quanto o monólogo interior do retardado mental Benjy, em *Sound and Fury*, de Faulkner. São tentativas de alargar o território literário e rever a humanidade dos personagens.

Para chegar lá, Graciliano Ramos usou um discurso especial, que não é monólogo interior e não é também intromissão narrativa por meio de um discurso indireto simples. Ele trabalhou como uma espécie de procurador do personagem, que está legalmente presente, mas ao mesmo tempo ausente. O narrador não quer identificar-se ao personagem, e por isso há na sua voz uma certa objetividade de relator. Mas quer fazer as vezes do personagem, de modo que, sem perder a própria identidade, sugere a dele. Resulta uma realidade honesta, sem subterfúgios nem ilusionismo, mas que funciona como realidade possível. Inclusive porque Graciliano Ramos, aqui e no resto da sua obra, é o autor menos kitsch, menos sentimental da ficção brasileira contemporânea, que mesmo em praticantes de alto nível atola com frequência nesses brejos, desde os condenados de Oswald de Andrade até os proletários de Jorge Amado, com estações de passagem em textos tão eminentes quanto os de Guimarães Rosa.

Mas voltando à forma descontínua, cuja legitimidade Lúcia Miguel Pereira aceitou, é preciso observar que Graciliano Ramos a utilizou de maneira muito pessoal, diferente, por exemplo, da modalidade que Oswald de Andrade inaugurou no plano da composição com as *Memórias sentimentais de João Miramar*. Em Oswald, neste e em outros textos, a descontinuidade da composição estava ligada à técnica do fragmento e tinha como correspondente certa sintaxe elíptica no plano do discurso (veja-se o estudo fundamental de Haroldo de Campos, "Miramar na mira"). Em Graciliano Ramos, trata-se de coisa completamente diversa.

Vidas secas é composto por segmentos relativamente extensos, autônomos mas completos, de narrativa cheia e contínua, baseada num discurso que nada tem de fragmentário. É a justaposição dos segmentos (não fragmentos) que estabelece a descontinuidade, porque não há entre eles os famosos elementos de ligação, cavalos de batalha da composição tradicional. Foi essa justaposição que me levou no passado a falar de composição em rosácea, para sugerir os episódios nitidamente separados, com o último tocando o primeiro. Este encontro do fim com o começo, como já foi observado, forma um anel de ferro, em cujo círculo sem saída se fecha a vida esmagada da pobre família de retirantes-agregados-retirantes, mostrando que a poderosa visão social de Graciliano Ramos neste livro não depende, como viu desde logo Lúcia Miguel Pereira, do fato de ter ele feito "romance regionalista" ou "romance proletário". Mas do fato de ter sabido criar em todos os níveis, desde o pormenor do discurso até o desenho geral da composição, os modos literários de mostrar a visão dramática de um mundo opressivo.

Nota bibliográfica

O ensaio maior e que dá nome a este livro, "Ficção e confissão", apareceu no ano de 1955 em *Caetés*, como introdução à edição José Olympio das obras completas de Graciliano Ramos, tendo sido feita uma separata de mil exemplares, que circulou como volume independente.

"Os bichos do subterrâneo" é a introdução ao volume *Graciliano Ramos*, da coleção Nossos Clássicos, da Editora Agir (1961). Em 1964 foi incluído no livro *Tese e antítese*.

"No aparecimento de *Caetés*" se baseia numa palestra feita em Maceió, no ano de 1983 e incluída no pequeno volume coletivo *Cinquenta anos do romance Caetés*, publicado em 1984 pela Secretaria de Cultura de Alagoas.

"Cinquenta anos de *Vidas secas*" saiu no suplemento Cultura do jornal *O Estado de S. Paulo*, em 1988.

Em 1992 eles foram reunidos no volume *Ficção e confissão: Ensaios sobre Graciliano Ramos*, que a Editora 34 publicou e depois reeditou em 1999.

Bel Pedrosa

Antonio Candido de Mello e Souza nasceu no Rio de Janeiro, em 1918. Crítico literário, sociólogo, professor, mas sobretudo um intérprete do Brasil, foi um dos mais importantes intelectuais brasileiros. Candido partilhava com Gilberto Freyre, Caio Prado Jr., Celso Furtado e Sérgio Buarque de Holanda uma largueza de escopo que o pensamento social do país jamais voltaria a igualar, aliando anseio por justiça social, densidade teórica e qualidade estética. Com eles também tinha em comum o gosto pela forma do ensaio, incorporando o legado modernista numa escrita a um só tempo refinada e cristalina. É autor de clássicos como *Formação da literatura brasileira* (1959), *Literatura e sociedade* (1965) e *O discurso e a cidade* (1993), entre diversos outros livros. Morreu em 2017, em São Paulo.

© Ana Luisa Escorel, 2024

Todos os direitos desta edição reservados à Todavia.

Grafia atualizada segundo o Acordo Ortográfico da Língua Portuguesa de 1990, que entrou em vigor no Brasil em 2009.

Este volume tomou como base a quarta edição de *Ficção e confissão* (Rio de Janeiro: Ouro sobre Azul, 2012), elaborada a partir da última versão revista por Antonio Candido. Em casos específicos, e a pedido dos representantes do autor, a Todavia também seguiu os critérios de estilo da referida edição. O texto de orelha, redigido originalmente pelo próprio Antonio Candido, foi mantido.

capa
Oga Mendonça
composição
Maria Lúcia Braga e Fernando Braga,
sob a supervisão da Ouro sobre Azul
preparação e revisão
Huendel Viana
Jane Pessoa

Dados Internacionais de Catalogação na Publicação (CIP)

Candido, Antonio (1918-2017)
Ficção e confissão : Ensaios sobre Graciliano Ramos / Antonio Candido. — 1. ed. — São Paulo : Todavia, 2024.

Ano da primeira edição: 1992
ISBN 978-65-5692-730-5

1. Literatura brasileira. 2. Ensaio — análise e crítica.
I. Ramos, Graciliano. II. Título.

CDD B869.4

Índice para catálogo sistemático:
1. Literatura brasileira : Ensaio B869.4

Bruna Heller — Bibliotecária — CRB 10/2348

todavia
Rua Luís Anhaia, 44
05433.020 São Paulo SP
T. 55 11. 3094 0500
www.todavialivros.com.br

Acesse e leia textos encomendados especialmente
para a Coleção Antonio Candido na Todavia.
www.todavialivros.com.br/antoniocandido

fonte Register*
papel Pólen bold 90 g/m²
impressão Geográfica